歴史文化ライブラリー

143

子どもたちの近代

学校教育と家庭教育

小山静子

吉川弘文館

目次

子どもをとらえるまなざし――プロローグ

子どもが生まれ、成長し、大人になっていく。このことは、人類の誕生以来続いてきた、まったく自明のことである。そして子どもの成長には、意識的なものであれ、無意識的なものであれ、教育という営みが大きくかかわっていることも、周知のことであろう。

しかし、子どもがどのような教育を受け、成長していくのか、大人になるとはどういうことなのかと考えはじめると、わたしたちはすぐに答えに窮してしまう。なぜなら、どういう時代や社会に子どもが生まれたかによって、つまり歴史や文化によって、そのありようは大きく異なっているからである。

現代に生きるわたしたちは、子どもの成長や教育をまず学校と結びつけて考える。わた

1　子どもをとらえるまなざし

したちは、子どもは何をおいても教育を受けねばならないと考えているし、それは学校に行くことであると思っている。そして子どもはごく当然のこととして義務教育を受け、あるいは受けねばならないと思い、さらには高校や大学へと進学していく。

またわたしたちは、子どもの成育空間として家庭が必要不可欠の場であるとも考えている。しかもその家庭は、単に親と子どもがともに暮らす場というだけでなく、親愛の情によって満たされた心温まる空間であるべきだと、わたしたちは思っている。子どもはこのような家庭の中で、愛護され、育てられ、教育されるべき存在としてとらえられているといえるだろう。

もちろん、子どもは地域の中でも育っていくし、習い事や塾に通っている子どもも少なくない。にもかかわらず、わたしたちは、まずは学校と家庭という認識枠組みで子どもの教育のことを考えてしまう。いったいどうしてなのだろうか。

考えてみれば実に興味深いことに、学校と家庭、これらはともに近代の産物である。確かに学校自体は古代より存在し、一八世紀末には寺子屋という庶民のための教育機関もかなり普及しはじめていた。しかし、全国民を対象とした全国統一的な学校教育制度が成立するのは、いうまでもなく、明治五（一八七二）年の学制においてであり、その学校教育制度が定着するのは二〇世紀を待たねばならなかった。一定年齢の子どもが、一定の期間、学校教育を受ける、これは二〇世紀の子どもの姿である。

また、読者の中には、制度としての学校教育が成立するのは明治以降のことであるが、それ以前においては家庭教育が行われていたのではないかと、いぶかしく思う人がいるかもしれない。しかし家庭教育、あるいはそもそも家庭という言葉すら、本文で詳しく述べるように、明治二〇（一八八七）年ころからやっと広まりだした言葉であった。わたしたちはなにげなく家庭教育という言葉を使っているが、そういう言葉は超歴史的に存在していたわけではなく、家庭教育とは歴史的概念なのである。親愛の情で結ばれた家庭で、愛され、教育される子どもの姿もまた、二〇世紀になって一部の階層で出現し、やがて一般化していったものであった。そういう意味では、子どもの教育を学校と家庭という認識枠組みでとらえ、学校と家庭とが子どもの教育の中心的な担い手となるのは、二〇世紀においてであるといえるだろう。

とするならば、その見方はどのようなものであり、それまでの子どもの教育をとらえる見方と、どのように異なっていたのだろうか。またそれはどのような教育のあり方を生み出したのだろうか。これらの問題を明らかにするために、本書では一八世紀末から一九二

○年代までを射程に入れて、家族や共同体、国家が子どもをどのようにとらえ、どのように教育しようとしていたのか明らかにしていきたいと思う。その際、特に注目したいのが、家族と子どもの問題である。従来の教育史研究は、子どもが家族の中で育つことが多いにもかかわらず、この問題をあまり論じてこなかったきらいがある。そこで歴史とともに家族がどのように変化し、その変化が子どもの教育に何をもたらしたのか、そしてそれが学校教育の成立とどのように関連しているのか考察していくことにしたい。

なお、ここで家族の変化と述べたので少しだけ説明しておくと、本書ではこれを「いえ」・「家」・家庭と表現している。すなわち、本書でわたしは家族という言葉を、多様な形態がある、歴史を超えて普遍的に存在する基礎集団という意味で用い、それに対して、ある歴史的状況の下での家族のあり方を示すものとして、「いえ」や「家」、家庭という言葉を使用している。「いえ」や「家」、家庭が、個別具体的な家族のあり方を示していることになるが、これらの家族の特性については本文で述べていくことにしたい。

では、本文に入る前に、本書の大まかな見取り図を提示しておくことにしよう。まず「江戸後期の子ども」の章においては、近代社会における子どもに対する教育の特徴をより明確に理解するために、江戸後期の子どもを取り上げている。江戸後期において子どもは「いえ」を継承し、存続させていくための存在として、村の将来の構成員として、幕府や藩を担う人材としてとらえられていた。もちろんすべての子どもにこのようなとらえ方があてはまるわけではないが、このようなとらえ方が江戸後期の子どもの教育のあり方を規定していたことは間違いないだろう。そこで、それはどのようなものであり、それがどのような子どもの教育をもたらしたのか、論じている。

さて、明治になって近代化が開始されると、家族や共同体、あるいは幕府や藩を超えた、国家の子どもという見方が登場し、子どもは身分・階層・性別などの属性を捨象した、次代の国民としてとらえられていくことになる。「国家の子ども」の章では、国家の子どもという見方が生み出す教育のあり方を論じ、国民教育として義務教育が開始され、定着した意味を考察した。

ついで「家庭教育と学校教育」の章においては、女子教育論や家庭教育論を検討し、だれが家庭教育を担い、その家庭教育が学校教育とどういう関係性にあると考えられたのかを論じている。言説上、学校と家庭が子どもの教育を担う体制がどのようなものとして成立したのか、ここで明らかになるだろう。最後に「家庭の子ども」の章において、家族の変化、すなわち「家」や家庭の成立と、家庭の子どもの特質について検討した。

これらの叙述を通して、子どもをみつめるまなざしや子どもの教育に対する考え方がどのように変化していったのか、明らかにしていきたいと思う。もちろんこの変化は、実態としては、ある時点で劇的に起こるのではなく、緩慢なものである。また変化の仕方は階層によっても異なっている。しかしそれらの変化のありようを個々具体的に論じていくことは困難なので、ここでは教育制度の成立、学校教育や家庭教育について語る新しい言説の登場に着目していくことにしたい。そうすることで変化の方向性が明らかになるだろう。そしてそのことを通して、わたしたちが当然のように抱いている子どもの教育に対する見方を相対化することができるのではないかと思う。

＊史料からの引用にあたっては、旧字体の漢字は新字体に改めた。また読みやすいように、濁点、読点、ふりがなを適宜つけている。引用文の中には不適切な表現も含まれているが、歴史的史料であることを考えてそのまま引用した。
明治五年一二月二日までは、太陰暦で記述している。

江戸後期の子ども

「いえ」の子ども

明治以降の子どもと比較した江戸時代の子どもの大きな特徴は、なんといっても子どもが「いえ」の子どもととらえられていた点にあったのではないかと思う。

社会の基礎としての「いえ」

江戸時代の社会は、基本的には身分制社会であり、職業選択の自由や移動の自由が原則として認められていない社会であった。そして、「家制度を通じて階級関係、身分制秩序、社会的諸分業が固定的に再生産される仕組み」（大藤修『近世農民と家・村・国家』）が存在しており、人々はどういう「いえ」に生まれたかによって、社会的地位や職業がほぼ決定されていた。人々が「いえ」を媒介として生きていかねばならないという意味において、江戸時代は明治以降の社会と決定的に異なっている。

ところで、ここで「いえ」という表現を使っていることに対して、違和感をもつ人がいるかもしれない。「いえ」と表現するのは、江戸時代の家族と明治以降の家族とを区別したいがゆえである。次章で述べるように、江戸時代における家族は近代化とともに変容していくので、本書では、江戸時代における「いえ」と明治以降の「家」というように、区別して書き表していきたいと思う。

では「いえ」とは何なのだろうか。江戸時代の「いえ」について、大藤修は次のように定義している。「その理念型を要約的に表現すれば、固有の『家名』『家産』『家業』をもち、先祖代々への崇拝の念とその祭祀を精神的支えとして、世代を超えて永続していくことを志向する組織体、と定義づけて大過ないであろう」(大藤前掲書)。すなわち、名前・財産・職業が一体のものとなって家についており、先祖から子孫へと永続していくことがめざされていたもの、それが「いえ」ということになる。「いえ」とは単に血縁や婚姻で結ばれた個々人の私的な集合ではなく、職業や財産を含み込んだ公的な存在意義をあわせもつ存在であり、個人を超越した社会組織であった。

武士の「いえ」・農民の「いえ」

このように定義づけることができる「いえ」であるが、もちろん、「いえ」がいつごろから意識されはじめ、その存在を確かなものとしていったかは、身分・階層によって大きく異なっている。たとえば武家や公家の「いえ」はすでに江戸時代以前の社会において存在していた。それに対して、人口の八割以上を占める農民において「いえ」意識が芽生えてくるのは、地域差があるものの、一七世紀後半から一八世紀においてである。このころ、下人《げにん》と呼ばれる隷属農民の労働力に依存した名主《みょうしゅ》による大規模な農業経営が、独立した小農による農業経営へと転換し、その過程で、農民家族は単婚・直系の血縁小家族が支配的になっていった。わたしたちが伝統的な家族としてイメージする、血縁で結ばれた祖父母・父母・子どもからなる家族が誕生したのである。農民たちは家族労働に依拠しながら、いちおう自立した小農として生産・再生産を行うようになり、その結果、「いえ」というものが意識されていった。

また「いえ」の大きな特質である、家名・家産・家業のありようも、武士と農民では大きく異なっていた。武士にとって家名とは苗字《みょうじ》で示されるものであり、主君より与えられた知行地《ちぎょうち》・封禄《ほうろく》が家禄《かろく》（家産）であり、封建的勤務（軍役《ぐんえき》・職務）が家業であった。つまり、封建的主従関係に縛られ、主君に対する家臣の忠誠奉公を条件として、武士の「いえ」は存続することができる仕組みになっていたのである。したがってもしも「お家断絶」という事態になれば、即、一家全員が路頭に迷うことになる。

他方で、農民にとっての家産とはいうまでもなく田畑である。幕藩制社会において、土地は公には各個別領主の私有に属しており、農民も領民として貢租《こうそ》を負担していた。しかし事実上の土地所有は農民にあり、農民は田畑を先祖伝来の家産として観念している。検地帳に記された土地の持ち主名義は、「いえ」の名前の性質をもっていたし、百姓株の維持は「いえ」の問題であった。また、苗字をもつ武士と異なり、農民は苗字をもたなかったが、家名にあたるものがなかったわけではない。「屋号」が家名にあたるものであったし、家長の地位の承継の際に同じ名前や同じ漢字を用いた名前に改名する「父祖名＝通名《とおりな》」の慣習も、他家との区別をし、自家の個別性を表す指標に他ならなかった。このように形こそ違え、家名・家産・家業の一体性は農民にもみられたのである。そしてこれらの「いえ」の特質は町人においてもみられるところであった。たとえば商人にとって家名とは屋号であり、家産とは店舗や金銭である。

ただすべての階層において「いえ」が成立していたというわけではない。ほとんど自らの土地や生産手段をもたず、子どもを他家へ下男・下女として放出せざるをえない階層、すなわち「いえ」をもてずに、「いえ」と無関係に生きている人々もいた。しかし「いえ」をもてない人々は、社会の「一人前」の構成員と見なされてはいなかった。

それに当たり前のことであるが、「いえ」を形成している階層にあっても、「いえ」の意識化の度合いにおいては大きな差がある。農民よりは武士の方が、下層の農民・町人より は上層の農民・町人の方が、「いえ」意識は強かった。またたとえ「いえ」が存在していても、それが人々の願いの通りに永続しえていたわけではない。歴史人口学の知見によれば、約一五〇年の史料残存期間がある村で、四分の一は一〇年未満、半数は三〇年未満しか「いえ」が存続しておらず、四割近くが一世代しか続いていないという（落合恵美子『近代家族の曲がり角』）。

「いえ」の継承者としての子ども

このように庶民にとって「いえ」は必ずしも強固な存在であったとはいえないのだが、にもかかわらず、江戸時代の社会の基礎には「いえ」があり、人々が「いえ」を抜きにして生きていくことは難しかった。とするならば、子どもとはこのような社会において、家名・家産・家業を体現した「いえ」を存続させていくための存在として見なされていくことになる。まさに子どもは「いえ」の子どもとしてとらえられ、「いえ」を継ぐべく育てられていった。

とはいっても、その教育のありようは、どの程度「いえ」というものを意識化しているかによって違うし、個々の子どもが女の子か男の子か、「いえ」の継承者となりうる者か否かによっても異なっている。いってみれば、その子どもがもっている属性、すなわち身分、家格《かかく》、階層、性別、続柄《つづきがら》などによって、子どもの教育のあり方は大きく異なっていたのである。ちなみに、武士の場合は、嫡庶長幼《ちゃくしょちょうよう》の厳格な序列にしたがって長男が家督《かとく》を相続することが決められていた。しかし、農民や町人たちにおける相続実態は多様であり、「いえ」の存続にとってもっとも適切な相続形態がとられている。したがって必ずしも長男が相続するとは限らなかった。

そして、「いえ」の跡継ぎとしての子どもというまなざしで子どもがとらえられ、それにふさわしく育てられるということは、跡継ぎになる者とならない者との差別化が図られるということである。跡継ぎとなる可能性がほとんどない女子は、「いえ」にとってはさほど存在意義がなかったし、男子であっても、跡継ぎにならない者は「部屋住《へやずみ》」「厄介者《やっかいもの》」とされ、養子や奉公という形で「いえ」から出されていった。また場合によっては「いえ」のために子どもが売られたりもしている。江戸時代とはあくまでも、「いえ」の論理が優先する社会であった。

父親による男子の教育

このように「いえ」を重視する社会において、子どもの教育をもっとも意識して行ったのは武士である。とりわけ将来家督を相続し、家長となる男子に対しては、家の中で意図的な教育が行われていった。水戸藩の武家の出身であった母（青山延寿の娘）から聞き書きをした山川菊栄は、家における教育の実際について次のように述べている。

文武の修行のほかに、日常の礼儀作法、言葉づかい、物事の取りさばき方などについては、女の子よりも、男の子の方がきびしく、父親から注意されたりしつけられたりします。……目上に仕え、目下の者を使う心得や作法も、父親の指導で自然に覚えるので、学校が今日のように発達せず、母親はそとのことをいっさい知らなかった当時は、父親みずから息子を仕込んで、家風も家の芸も伝えるわけでした。殊《こと》に早く一人前にして、いつ自分が病気となって役を引いても、死んでも、息子がすぐ跡をついで、立派に一家の主人として、またその家格相応の役人として勤め終せるようにしておかなければならないので、それだけ躾けに身を入れることになっていました。（山川菊栄『武家の女性』）。

男子は「いえ」の跡継ぎであり、男子の教育は公的な「いえ」の維持と密接にかかわっているがゆえに、父親が意識して教育をしていたことがわかる。このように父親が厳しく教えていたことに対して、現代人は違和感をもつかもしれない。しかし、武士の男子に必要とされた、漢籍《かんせき》の素読《そどく》や武芸の稽古《けいこ》といった文武の修行、あるいは門閥格式《もんばつかくしき》による複雑な身分の上下や年齢に応じた挨拶の仕方や礼儀作法などは、女たちに無縁の知識であった。したがって、父親に代表される男たちが教えざるをえなかったのであろう。

それに、家業にかかわる知の伝達を、家長として家業の責任を負っている男たちが中心となって担うという構造は、なにも武士に限ったことではなかった。江戸時代には多数の子育て書が刊行されているが、現代の育児書と異なり、それらはもっぱら男性を読者と想定して書かれている。子育ては父道の一環であり、子育ての方針は家訓《かくん》であった。なぜなら、「いえ」を存続・発展させていくことは、「いえ」にとってもっとも重要な問題であり、その責任を負っていたのは家長だったからである。家長は特有の権限、たとえば、家代表権や家産管理権、家業運営権などをもっていたが、その権限の中に、子どもの教育に対する権限と責任も含まれていた。

その一方で、やはり江戸時代に多数刊行されていた女訓書《じょくんしょ》においては、子どもの養育や教育にかかわる母親の役割はまったく言及されていない。「子なき女は去るべし」(『女大学宝箱』享保元年) という言葉があるように、女訓書では女性が子どもを産むことは期待されていた。しかし、生まれた子どもを女性がどう育てるのかといった教訓は何も書かれていない。繰り返し説かれるのは、妻や嫁としての心得であり、理想とされる女性は、あくまでも、夫には主君に仕えるように仕え、舅《しゅうと》姑《しゅうとめ》に従順に孝行を尽くす女性であった。しかも子どもを育てる母親としての役割が何も期待されていないだけでなく、「子を育つれ共、愛に溺れて習《なら》わせ悪《あ》しし」(『女大学宝箱』)と、母親の子どもへの愛は否定的に、教育を阻害するものとしてとらえられていた。

もちろん、母親が実際に子どもの養育などを行っていなかったということではないし、子どもを立派に育て、子どもに多大の影響を与えた母親も、とりわけ下級武士層にはたくさんいた。しかし、子どもの教育に父親が深くかかわっていたがゆえに、母親が子どもを教育することは特筆すべきものとして期待されていなかったのである。子育ての方針は父親が決定するものであり、母親は夫の意思に随って実際の養育にあたるべきものと考えられていたといえるだろう。ただこのことは、父親たちが自己の独自な見解にもとづいて、「いえ」にふさわしいように息子の教育を行うことができた、ということを必ずしも意味していわけではない。この点については、あらためて「幕府の子ども・藩の子ども」の節で論じることにしたい。

女子の教育

男子が明確に「いえ」の子どもとして教育されていったのに対して、武士の場合、女子は「いえ」の跡継ぎになることはけっしてないし、家業に関与することもまったくなかった。なぜなら、武士の「いえ」は主君に対する家臣の忠誠奉公を条件として存在しているものであり、軍役につかない女性は、主君との間に主従関係を結べないからである。男性が「いえ」を代表して主君に奉公し、そのことで社会的役割を果たすのに対して、女性は何も社会的役割がなかった。「いえ」という観点からすれば、結婚して婚家の跡継ぎとなる男子を産むことしか、女性の存在意義はなかったのである。皮肉なことに、女子は「いえ」の子どもという視線でとらえられることが男子よりも希薄であり、「いえ」にとって重視される存在ではなかったにもかかわらず、女性の生きる場は「いえ」にしかなかったといえるだろう。

したがって当然、教育のあり方は男女で大きく異なっていた。男子が幼少のころより受けてきた武芸の稽古や漢籍の素読、家格階層制の下で重要視されていた礼儀作法のしつけなどは、女子には無縁のものであった。女子に必要とされたものは、手紙文を書くための読み書き能力や、四行《しこう》といわれる、婦徳（女として守らねばならない道徳）、婦言（女らしい言葉使い）、婦容（女らしい身だしなみや立居振舞《たちいふるまい》）、婦功（裁縫などの女として身につけておくべき手わざ）である。これらを身につけることが「一人前」の女性になることであり、なかでも、婦徳の養成、読み書き能力や裁縫の技術の習得が重視されていた。そしてこれらの教育は、場合によって寺子屋に通うことがあったものの、基本的には家の中で主に母親によって行われている。

このように「いえ」の子どもという観点から、武士は男子の教育を意識的に行っていったが、程度の差こそあれ、それは農民や町人たちにもあてはまることであった。

農民の子ども

農民や町人の子どもに求められていたのは、なんといっても家業を継ぐために必要な知識や技術を身につけていくことである。大きな階層差が存在する中で一概にいえないが、農家の大部分の子どもは、男女とも、幼少時より家族とともに田畑へ行き、農作業に従事した。働く子どもの姿は、ごく一般的な姿である。その過程で、親たちから厳しく労働のしつけを受けるとともに、少しずつ農作業の技術・知識を習得し、コツやカンを学んでいった。いわば経験を通した見習い学習が行われていたといえる。そこには武士家族におけるほどの計画性や意図性はなかったかもしれないが、自らが親の世代より受け継いできた経験知を子どもに伝えていったのであり、そのことを通して「いえ」の維持が図られていったのである。

さらに見習い学習だけでなく、男子の場合は寺子屋に通い、手習いを学ぶこともあった。寺子屋に通うかどうかの判断は親に任されていたが、村役人クラスの「いえ」であれば、貢租や訴訟などさまざまな行政を担当しなければならなかったから、文字の習得は必要不可欠であった。それ以外の階層においても、江戸後期になって全国各地で農書が刊行されるようになると、文字を学習する必要性が高まっていったという（田嶋一「近世社会の家族と教育」）。農書は人々に経験知では得ることのできない新しい知識を与え、読み書き能力の獲得は、生産力の向上、家業の発展につながるものであった。

女子の場合も、家業に従事する点では男子と大差なかったが、だからといって、男子と同じような、「いえ」の子どもというまなざしが女子にも注がれていたわけではない。なぜなら、いくら幼少時より男女の区別なく働きながら農業技術を習得し、大人になって女性も男性と同じく農作業に従事したからといって、それらの労働は、あくまでも家長による家業経営権の下での労働だったからである。家族労働を束ねるものとして家長がおり、その家長は基本的には男性がつくべきものだったのだから、「いえ」にとってより重要な存在はやはり男子であったといわざるをえない。したがって男子の寺子屋通学が広まりはじめても、女子が寺子屋に通うことは上層農民の女子を除けばまれであった。

また、生産活動に従事することがあまりなかった上層農民の女性たちは、奉公人たちの管理や親族集団などとの交際を主な役割としていた。彼女たちは奥向きの采配《さいはい》を担っていたといえるが、それとても、家政の責任者は女性ではなく、あくまでも家長であった（小泉和子「家事の近世」）。家政とはまさに家のまつりごとであり、家長が家政全般についての最終的な責任を負っていたのである。そういう意味でも、「いえ」にとって重要な存在はやはり男子であったといえるだろう。

町人の子ども

町人の子どもたちも事情は同じである。商人であろうと、職人であろうと、男子はそれぞれの家業を継ぐために育てられていった。すなわち、まずは寺子屋に通い、読み書き、さらに場合によってはそろばんを学習する。といっても、もちろん寺子屋は通学が義務づけられているわけではなかったから、寺子屋に通うか通わないか、いつから通いはじめ、いつやめるかは、個々の親や子どもの判断に任されていた。ただ江戸のような都市では、一九世紀には寺子屋通学はかなり一般化している。

寺子屋終了後、男子は親の手伝いをしながら家業の習得をめざしたり、見習い奉公や徒弟《とてい》奉公、丁稚《でっち》奉公として他家で働きながら、職業知識や職業技術を獲得していった。ここで行われていることは、農民の場合と同じく、実地にさまざまな経験を積み重ねながら、コツやカンを習得していく見習い学習であり、非組織的な教育であったといえるだろう。このような過程をへて、子どもは「いえ」の跡継ぎとして育っていった。

それに対して女子の教育はどのようなものだったのだろうか。農村と異なり、都市部では女子の寺子屋通学はかなり普及しており、女性の師匠が女子に教える女寺子屋も存在していた。その結果、読み書き能力を身につけた女性は珍しくなかった。それというのも、男性とともに家業にいそしむ女性が多く、そのためには読み書き能力の習得が不可欠だったからである。

しかし男子のように、家業の継承を目的として、職業知識や職業技術を得る道は、女子には存在していない。「正統」な「いえ」の跡継ぎはやはり男子であった。女子は親の手伝いをしながら、寺子屋終了後は裁縫塾に通い、場合によっては習い事をし、かなり裕福な家の娘であればお屋敷奉公をへて、結婚することになる。富裕な商家に嫁いだ女性たちは、多くの奉公人を抱えて奥向きの采配を振るうことになるが、それも先に述べた通り、

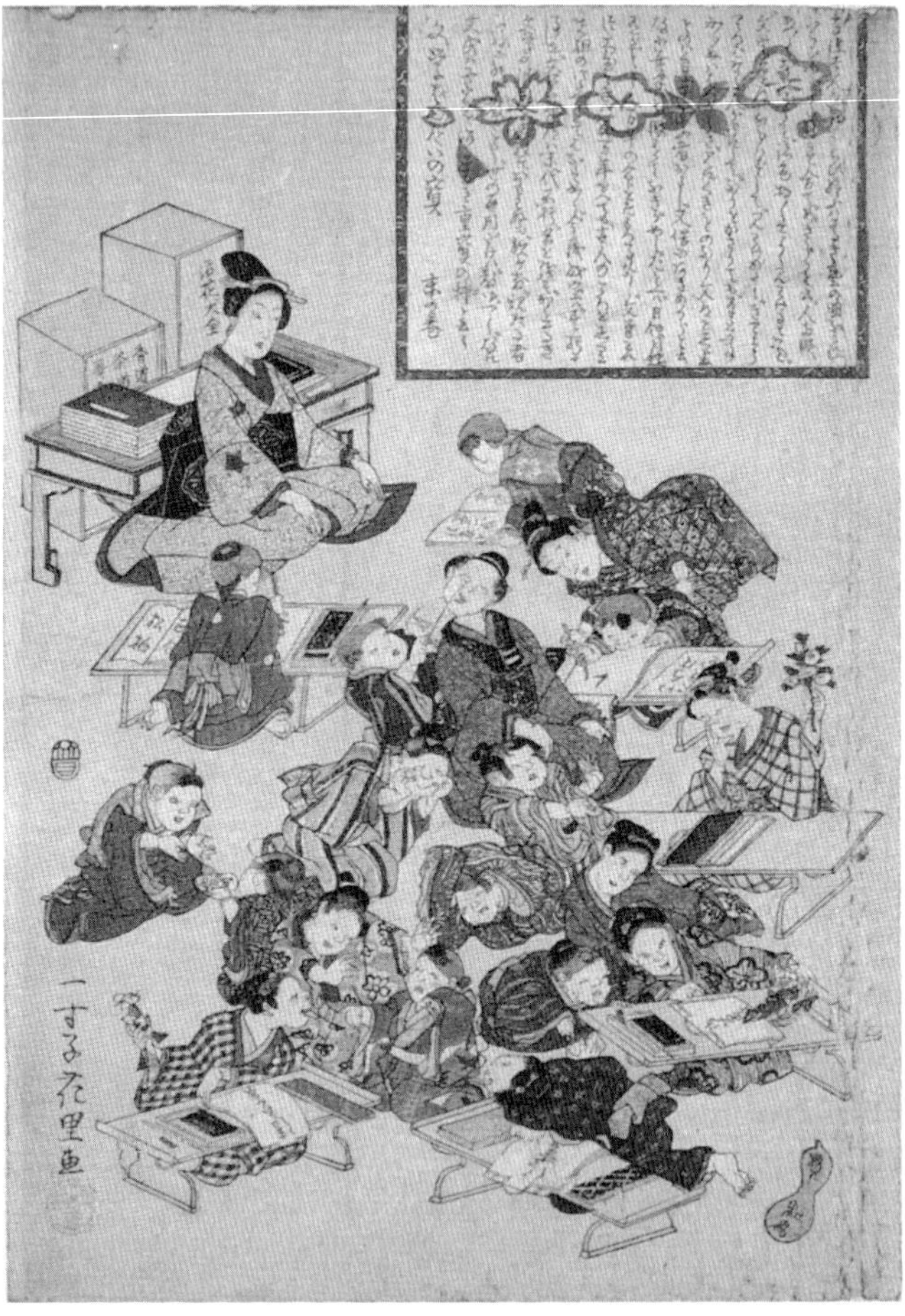

図１　女師匠と寺子屋の様子
(「文学ばんだいの宝 末の巻」一寸子花里、くもん子ども研究所蔵)

家政の責任はあくまでも家長にあった。したがって武士ほどではなかったとしても、町人の場合も、農民の場合も、「いえ」の子どもという視線は男子により強く注がれていたといえるだろう。

以上述べてきたことから明らかなように、江戸後期の子どもは、生まれた「いえ」や性別などによって、将来の生き方がおおよそ決まっており、「いえ」の子どもにふさわしく育てられていった。しかし「いえ」の子どもと一口に言っても、どのような「いえ」なのか、「いえ」の跡継ぎになりうる者なのかといった点において、その内実には大きな差があったことがわかる。「いえ」の論理が優先するなかで、子どもはそれぞれの生まれもった属性に応じてさまざまに育てられ、生きていかねばならなかったのである。

村の子ども

「いえ」と共同体

このように江戸時代において人々は「いえ」とともに生きていたが、他方で、その「いえ」は一個の独立した存在ではなく、共同体と密接な関係性をもち、共同体の下で存続していかねばならない存在であった。すなわち、本家―分家関係や婚姻・養子縁組によって形成された親族共同体、商家における本家とのれん分けをした分家との関係、職人における親方と弟子の関係、武士における「いえ」と「いえ」との主従関係、そしていうまでもなく、村落共同体など、「いえ」はさまざまな社会集団の中に組み込まれていた。したがってそれぞれの家族は、「いえ」としてのまとまりをもちつつ、これらの社会集団の中に位置づけられ、相互に依存、あるいは監視しあいながら生きる家族であったといえるだろう。

それにそもそも水田稲作農業は、集約的な労働を必要とするものである。それゆえ、田植えや稲刈りなどの際には、一軒ごとの家単位で農作業が行われるのでなく、お互いに助け合いながら、村をあげての共同作業が行われていた。また稲作は水の共同管理を前提として成立するものでもある。したがって農業をつつがなく行っていくためには、日頃からの村落共同体の一体性が必要不可欠であり、村落共同体に生きる人々は、経済的にも精神的にも相互に強いつながりをもたざるをえなかった。日々の生活や生産活動、あるいは村祭りや冠婚葬祭などの諸行事を通して、村に生きる人々の共同性が作られていった。

そして人々が村落共同体と不可分の関係をつくらざるをえない理由は、このような生活していくうえでの必要性だけでなく、制度上も存在していた。それは一つには、村請制《むらうけせい》という江戸時代の農民統治システムの存在である。これは年貢の納入や夫役《ぶえき》の負担などを村単位で請け負うという制度であるが、個人が納税の主体となる明治以降の社会とはまったく異なり、人々は年貢の納入などに関して連帯責任を負っていた。その結果、「村民の側もその責務を果たすために、村として生産・生活上の諸権益の確保、百姓経営の維持をはかり、また村としての意思を形成する仕組みを創り出さざるをえなくなる。それは、村単位の山野・用水の管理と用益、村内の生産・生活条件の整備のための共同作業（村役）、百姓の土地所持に対する村としての保障と規制、村単位の氏神＝鎮守《ちんじゅ》の創出と祭祀、村の寄合《よりあい》、村掟《むらおきて》の制定、一村財政、等々となって具現する。すなわち、村請制支配に規定された共同体秩序がしだいに形成されていく」（大藤前掲書）ことになった。

人々が共同体と密接な関係性をもたざるをえないもう一つの仕組みは、農民のみを対象とするものではなかったが、五人組制度が存在していたことである。五人組制度と一口にいっても藩によって随分とその実態には違いがあるが、五人組制度の下で人々は年貢の納入や耕作に連帯責任を負い、キリシタンの禁制、浮浪人などの取締り、相続の保障、家出人の捜索などの役割も五人組制度は果たしていた。そしてそこにあるのは連帯責任と相互扶助義務であった。

このように、当時の人々は村落共同体と無関係に生きることはできず、お互いに助け合いながら、別の表現をすると監視しあいながら、生活していたといえるだろう。江戸後期には「いえ」というものが広く存在し、「いえ」の継承が意識化されていく一方で、その「いえ」は制度上も実際の生活レベルにおいても、村に組み込まれていたのである。

共同体のまなざし

したがって、子どもは「いえ」の子どもであると同時に、村の子どもとしても承認され、育てられていかなければならなかった。すでに述べたように、子どもは「いえ」の跡継ぎというまなざしでとらえられ、家業をつぐために必要な知識・技術を、親の手伝いをしながら、日々の労働の経験を通して学んでいた。しかし親が子どもに経験知として伝えていったのはこれだけではない。隣近所や親戚、あるいは寺社とのつきあいの仕方、村祭りや冠婚葬祭の時のしきたりなども、村で生きていくためには必要な知識であり、子どもはこれらも生活を通して身につけていった。そしてこれらのしつけや教育は、村に生きる「いえ」にとってだけでなく、共同体の一員として村を維持していくためにも必要なものであった。

宮本常一の『家郷《かきょう》の訓《おしえ》』によれば、親のしつけの眼目は、村人から笑われないような人間を育てることであり、それは常に村を意識していたという。労働のしつけにしろ、日常生活での村人とのつきあい方におけるしつけにしろ、共同体の目を意識して、その価値観に沿いながら行われていたというのである。もちろん、『家郷の訓』が描く世界は明治以降のことであるから、これをそのまま江戸時代にあてはめることは問題であろう。しかし子どもの教育をめぐる共同体と「いえ」との関係性を考察するうえで、この『家郷の訓』

の指摘は示唆に富んでいるように思う。

親が子どもに対して行う教育の目的は、子どもを単に「いえ」の跡継ぎとすることだけにあるのではなく、共同体の中での「一人前」「人並み」の存在とすることにもあったということになる。そしてそこでは共同体のまなざしが常に意識化され、それにのっとった「いえ」での教育が行われていた。それゆえ、共同体の価値観は相対化されることなく、そのまま受け入れられ、親は子どもに対して、共同体の「和」や秩序を重視したしつけや教育を行っていたと思われる。

産育の習俗

また民俗学が明らかにしてきたさまざまな産育の習俗、たとえば帯祝《おびいわい》に始まり、名付祝《なづけいわい》、宮参《みやまい》り、食《く》い初《ぞ》め、初節句、初誕生、七五三などの多様な通過儀礼は、家族と共同体との不可分の関係性を物語る行事である。これらの通過儀礼は、現在でも行われる場合が多いが、それらは家族内での私的な祝い事として執り行われている。しかしもともとは、家族を越えた社会的関係性の中で行われる習俗であった。

帯祝を例にあげてみよう。帯祝は流産の危険性が遠のき、安定期に入った妊娠五ヵ月目ころに行われる、腹帯をはじめてつける行事である。帯祝には戌《いぬ》の日が選ばれることが多く、安産の祈願が込められていたが、帯祝が行われた子どもは間引《まび》かれずに育てられるともいわれている。この時多くの人々が集まって、共同で飲食が行われるとともに、赤飯や餅などが配られ、岩田《いわた》帯という腹帯や小豆などが妻の実家から贈られたりもする。というのも、多くの者が共食《きょうしょく》し、贈答がかわされることによって、その人々の力が子どもに与えられ、子どもが元気に生まれると考えられたからである。

帯祝は、妊娠・出産・育児をめぐる最初の通過儀礼であったが、これ以降も、人々はことあるごとに子どもの無事な成長を願って集い、食事を共にしていく。そしてそれらの通過儀礼は子どもが生命の危険にさらされやすい幼い時ほど、頻繁に行われた。たとえば、出産直後の産立《うぶたて》の式（産飯《うぶめし》を産神《うぶがみ》にそなえる）、三日目の三日祝《みつかいわい》（はじめて袖のある着物を着せる着初《きぞ》め）、七日目の名付祝、二〇日目ころの出初《でぞ》め（カマド、井戸、便所などの危険な場所の神々へ参る）、三〇日目ころの宮参りと、誕生後一ヵ月くらいはさまざまな行事が目白押しである。地域差やそれぞれの家の階層差により、すべての子どもがこれらの行事を経験するわけではなかったが、それでも、生命が不安定なこの時期に多くの習俗が集中していたことがわかる。

これらの通過儀礼を通して、子どもが共同体の一員であることが確認されていったのであり、子どもの誕生や成長は、単に家族の関心事にとどまるものではなかったといえるだろう。特に宮参りの行事は、村の氏神《うじがみ》への氏子《うじこ》入りを意味しており、宮参りを行うことは、子どもが共同体のメンバーとして社会的に承認されることであった。

このような共同体の子どもとしての側面は、擬制《ぎせい》的親子関係の存在にもみてとることができる。擬制的親子関係とは、取上親《とりあげおや》、乳親《ちおや》、拾い親、名付親、あるいは成人時の烏帽子《えぼし》親《おや》などの仮親《かりおや》との間に、血縁関係によらない親子関係を結ぶことである。すべての子どもがこのような仮親をもつわけでもないし、この擬制的親子関係が、その時限りのものもあれば、一生涯にわたって継続するものもあり、その実態は多様であった。ただここで注目しておきたいことは、血縁による親子関係とは別の親子関係をもつ子どもがいたということである。家族外に、子どもの成長を関心をもって見つめる他者が存在していたことになり、そういう意味でも、子どもは「いえ」の子どもであるとともに共同体の子どもであった。

子供組

さて、産育の習俗以外に、村の子どもという子どもの位置づけを端的に示すものとして指摘しておきたいものに、子供組がある。子供組へはだいたい七歳で加入し、一五歳くらいになると若者組へ移る場合が多かったが、そこでは民俗学でいうところの「群れの教育」が行われていた。

子供組とはどういう組織であったかといえば、その特徴は年齢階梯《かいてい》制集団という点にある。それは、「頭」「大将」「親玉」などと呼ばれる、一四、一五歳くらいの最年長者、「小頭」「子親分」などと呼ばれる、最年長者に次ぐ集団、そしてそれ以外の「子分」「子玉」などと呼ばれる年少者から成り立っていた。そして最年長者が子供組の指揮をとり、大人たちが口出しすることなく、子どもたちだけで組が運営されていた。

子供組は、若者組のように恒常的に活動していたわけではなく、鳥追い、三九郎《さんくろう》、左義長《さぎちょう》、とんど焼き、虫送りなどの、それぞれの村の行事を執り行う際に組織されるものである。これらの行事をつつがなく遂行するために、最年長者は年齢に応じた役割分担の指示を出し、その指示にしたがって他の者たちは行動していく。子どもはそれらを一つ一つこなしながら、集団としての約束事を守ったり、わがままをしないことを学び、成長していくことになる。また子どもは、年長者のやっていることを覚え、模倣し、最終的には自らが最年長者として集団を統率するという経験もする。その過程で子どもは、将来、一人前の村人となるために身につけておかなければならない基本的な事柄、共同体の習慣やきまり、規律を学んでいったのである。

ただ子供組は全国に普遍的に存在したものではないし、その対象も、将来、一家の主人として家を代表して村の運営に携わることになる男子が中心であった。また地域によっては、男子の中でも跡継ぎか否かで子供組への参加の可否が決められていたし、必ずしも年齢階梯制集団とはいえないものもあった。したがって、子供組の存在を過大に評価する気はないが、それでもやはり、そこでは子どもだけの集団生活があり、年長者による集団訓練が行われていたことは注目すべきことであると考える。

このように子どもは「いえ」の子どもであると同時に、村の子どもでもあったのだが、その結果、親子関係にまで共同体規制が働く場合もあった。親と子とが喧嘩沙汰《けんかざた》になっても、親が自律的・恣意《しい》的に実子を勘当《かんどう》したり、養子を離縁したりできたわけではなく、親の側に非があれば、村の意思と強制力でもって当主の地位から退けられ、隠居させられることもあったという（大藤前掲書）。これは、この当時の家族が共同体という社会的結合の中で存在し、子どもが単に「いえ」の子どもではなかったことを示しているといえるだろう。

わたしたちは、子ども、あるいは子育てというものを、社会と切り離された私的な家族内の問題としてとらえがちである。しかし以上述べてきたことは、江戸時代においては家族というものが共同体に対して開かれ、子どもが共同体の一員としてとらえられていたということを、わたしたちに教えてくれる。そしてそれは、「いえ」が共同体と密接不可分な関係性をもち、共同体から自律して存在しえなかったことの結果でもあった。

ただ、その共同体自体は、他の共同体と密接な関係性をもっているわけではなく、基本的には共同体として閉じたものであった。広田照幸は、村のしつけの基準はローカル・ルールであり、礼儀作法もしきたりも村の中でのみ通用するものであったと述べている（『日本人のしつけは衰退したか』）。社会的流動性が低い社会において、人々は村の価値観を疑うことなく受け入れ、子どもを村の一員として育てていったのである。

幕府の子ども・藩の子ども

学校の整備

これまで述べてきたことからも明らかなように、江戸時代の子どもたちは自らの属性に応じて多様な教育を受けていたが、なかでも性別の違い、そして武士か否かという身分の相違は、子どもの教育のあり方を大きく左右するものであった。女子よりは男子が、男子の中でも武士の教育が、より熱心に意識的に行われていた。そしてここで論じようとしている、幕府の子ども・藩の子どもというまなざしは、まさに当時もっとも意を払って教育が行われていた武士の男子に対してのみ、注がれたものであった。

江戸時代の学校の中でもっとも数多く存在していたのは寺子屋であるが、幕府も藩も、寺子屋の優良師匠の表彰や『六諭衍義大意《りくゆえんぎたいい》』などのテキストの頒布を行うくらいであり、寺子屋の振興や普及のための政策はほとんど何もないに等しかった。寺子屋は、公権力の埒外《らちがい》に置かれていたのであり、一般庶民の子どもの教育に幕府や藩は関心を向けていなかったといえる。

それに対して、幕府や藩が積極的に公費を投入し、設置していったものが、武士の男子のための教育機関である昌平坂《しょうへいざか》学問所（以下、学問所と略す）や藩校である。これらの学校は江戸時代初期から存在していたわけではなく、藩校が本格的に設立されはじめたのは一八世紀後半である。それ以降、藩校は明治維新後も廃藩置県が実施されるまで設置され続けている。また学問所は、その起源を寛永七（一六三〇）年に林羅山《はやしらざん》によって設立された林家塾に求めることができるが、幕府直轄学校として整備されたのは、一八世紀末の寛政改革においてであった。したがって一八世紀後半から末にかけてが、武士の男子教育の転換点だったといえる。いったいそれはなぜだったのだろうか。

武士とはもともと戦闘員であり、軍役を担うことで主君に奉公する存在である。しかし江戸時代には戦闘がほとんどなかったことからもわかるように、武士の役割はしだいに戦闘員から官僚としての側面へと重点を移していった。その結果、行政官としての職務能力や文書処理能力を身につけておくことが、武士には必要不可欠となっていった。だからこそ、父親は息子が「いえ」の跡継ぎとして職務を十分に果たせるように、武士として必要な教養や技能の教育を行っていったのである。

一八世紀後半になると、幕藩体制の動揺にともなって、幕府や各藩では改革の必要性が高まり、それを担う有為な人材が求められるようになっていった。この課題に応えるために登場したのが学校である。学校は単に勉学心を満足させ、教養を身につけるためのものではなく、人材養成の機関であった。そしてその必要性は、一九世紀に入り、幕末・維新期に近づくにつれて高まっていくことになる。

つまり、武士の男子が将来の幕府や藩を担っていく人材、言葉を代えていえば、幕府や藩の子どもと明確にとらえられたがゆえに、学校が整備されたのである。その結果、それぞれの家任せにされていた子どもの教育は、その一部が学校へと委ねられていった。学校は家に比べて、組織的・計画的に教育を行う機関であり、そこには周到に配慮されたカリキュラムや指導方法が存在している。このような学校に子どもの教育を託すということ、それはそれだけ、有能な幕臣や藩士の必要性が高まっていたことの証左であった。

とするならば、人材養成の実を挙げるためには、政治の中枢にいる一部の身分の高い武士だけでなく、より幅広い層に対して教育を行うことが必要になる。その結果、学校への就学が強制されていった。また個人の能力や才能を評価していく、一定の業績主義的原理も、家格階層制の秩序を損なわない範囲内で導入されていった。

就学の強制と無償制

海原徹『近世の学校と教育』によれば、藩校における出席強制は、天保年間（一八三〇〜四四年）以降に制度化されたという。同書で明らかにされている、二四三校の藩校における就学強制の実情は、次の通りである。

家臣団全体への出席強制――三一・三％
士分のみ強制で卒分は自由――三六・六％
出席強制を建前とするが私塾や寺子屋でも可――一〇・三％
自由意志――一九・三％
不　明――二・五％

家臣団全体への強制といっても、その内実は、同一の藩校でも、続柄や家格、身分によって多様であったから、単純に一般化してとらえることはできない。しかしそれでもかなりの高い割合で、藩校への就学強制がなされていたことがわかる。藩校が整備されていくにしたがって、武士の男子たちは一定の期間、学校教育を受けることが当たり前のことになっていった。

他方で就学の強制は、学校教育にかかわる費用を公費で支弁するという無償制の原則を生み出してもいく。学校というものが、幕府や藩のための人材養成を目的としている以上、その費用は公費によって賄われるべきだと考えられたからである。束脩《そくしゅう》（入学金にあたるもの）や謝儀《しゃぎ》（授業料にあたるもの）がない、文字通りの無償制の藩校は、全体の五割ほどであったという（海原前掲書）。また、たとえ束脩や謝儀が規定されていても、それらの多くは扇子や半紙など、実質的にはとるに足らないものであり、それらは多分に儀礼的なものであった。場合によっては物納を建前としながら、実際にはその代価を金納するものもあったが、それとても、もちろん低額である。そういう意味では、藩校や学問所は無償制にきわめて近いものであった。しかもこれらの束脩や謝儀は、ほとんど学校に対してではなく、教師に対してなされている。要するに、幕府や藩は、最初から学費でもって学校を運営していくことを想定していなかったのである。江戸時代には多くの教育機関が存在していたが、無償制を原則としていたのは武士のための学校だけであり、幕府の子ども・藩の子どもというまなざしが、就学の強制や無償制をもたらしたといえるだろう。

ちなみに寺子屋などの民間の学校は、学校経費のすべてを自給自足しなければならず、束脩や謝儀を徴収していた。ただそれらは定額というわけではなく、それぞれの家の経済状態に応じて出せばよかったし、必ずしも金納というわけでもなかった。その結果、農村地帯の寺子屋は、寺子屋経営だけでは生計をたてることが難しく、赤字が多かったといわれている。しかし寺子屋には、なんらかの形で費用を支払うことが原則であった。

試験制度

また、一定程度の業績主義的な原理として思いおこされるのが、寛政改革において幕府が導入した試験制度、すなわち学問吟味《がくもんぎんみ》や素読吟味《そどくぎんみ》と呼ばれる試験である。そしてこの制度は、さまざまな名称で呼ばれながら、各藩にも取り入れられていった。

素読吟味とは、寛政五（一七九三）年にはじまった、四書（大学・中庸・論語・孟子）・五経（詩経・書経・易経・春秋・礼記《らいき》）・小学の素読の試験、したがって口述試験である。それに対して学問吟味は、寛政四（一七九二）年からはじまった、経義《けいぎ》科、歴史科、文章科などの筆記試験であった。これらは中国の科挙《かきょ》のような人材登用試験ではなく、その基本的なねらいは学問の奨励にあり、及第者には金品の褒美《ほうび》が与えられた。

この試験制度は、個々人が要求される学力水準にまで到達したかどうかを判定する行事であったが、これが導入されたことの意味は大きかったと思われる。というのは、これによって学習活動が活性化し、個々人のやる気が引き出されたからである。個々人の成績が明らかになることは、それだけ学習への動機づけが高まっていくことであった。

それに登用試験ではなかったものの、試験の結果は身分制の枠内での人材登用の手段として使われている。橋本昭彦『江戸幕府試験制度史の研究』によれば、学問吟味及第者のうちのある者たちには、その業績を根拠にした幕府役職への優先的任用が慣行として行われていたという。役職への任用を試験及第者への褒美として位置づけ、勉学を「立身の種」と意識させることで、幕府は学問奨励の実をあげようとしていたことになる。そういう意味では、幕臣の立身願望と幕府の学問奨励とが結び合わさったものとして、試験制度は存在していたといえるだろう。もちろん、近代における業績主義の原理にのっとった試験制度とは様相を異にしているが、それでもやはりこの試験制度は、個人の能力に焦点をあて、それを評価していく仕組みの萌芽であった。

また試験制度の導入によって、受験年齢、試験科目、試験用図書が規定され、学習の内容や順序、程度が明確化していった。つまり、何歳の子どもに対して、何をどの程度学ばせるかという「標準教育」を、試験制度は示すことになったのである。そしてその「標準教育」にしたがって、学校は教育内容を整えていった。試験によって学習が活性化する一方で、試験によって学習が規定されていく、そういう時代がはじまったことになる。

事実、一九世紀に入ると学問所では「大試業」といわれる校内試験を実施するようになり、それは学問吟味と同じ出題書目のうちから行われるようになっていった。さらに学問所では、三八《さんはち》試業《しぎょう》、詩文《しぶん》試《し》、夏冬《かとう》試《し》といった校内試験も整備されていく。その結果、「昌平坂学問所という幕臣教育の中心部においては、素読吟味↓三八試業および大試業↓学問吟味↓夏冬試、という試験の体系を中軸として、各々の家庭、江戸市中の師匠、昌平坂学問所での課業が適宜組み合わされて事実上の官製の学習階梯が確立していた」（橋本前掲書）という。

「いえ」の教育と学校

ところで、『「いえ」の子ども』の節において、父親が息子の教育を家で行うことは、必ずしも自己の独自な見解にもとづいて教育ができたということを意味していないと述べた。ここでこのことをもう少し敷衍《ふえん》しておきたい。

武士の男子は、他の身分の者や女子に比べて、もっとも家で意図的な教育を受けていた存在である。それは武士の「いえ」が強固な存在であり、その「いえ」を継ぐ者として男子がとらえられていたからであった。しかしここで述べてきたように、武士の男子は一八世紀後半以降、「いえ」の子どもとしてだけでなく、幕府の子ども・藩の子どもとしてもとらえられはじめていた。それにともなって、学校が設立・整備されていくとともに、就学も強制され、試験制度も導入されていった。これは家が担っていた教育機能の一部が学校へ委ねられていったということを意味している。しかしそれと同時に、家での教育が逆に学校や試験制度から影響を受けていくということでもあった。試験制度の実施は「標準教育」の提示へとつながっていったが、それは学校教育だけでなく、家での教育をも規定していったのである。

そしてもともと「いえ」というものが、封建的主従関係に縛られ、主君に対する家臣の奉公を条件として存在するものであったことを考えれば、「いえ」の子どもということと幕府の子ども・藩の子どもということとは、矛盾・対立しあうものではなかったことは明らかである。家訓の伝達のような、それぞれの「いえ」が独自に行う教育もなかったわけではないが、少なくとも知育の面では、家での教育は幕府や藩による教育に収斂《しゅうれん》していくものであったといえるだろう。幕府の子ども・藩の子どもという視点の登場は、家での教育のあり方に変化をもたらし、「いえ」と学校との関係性をあぶりだすことになったのである。

国家の子ども

子ども—家族—国家

子どもをとらえるまなざしの変化

前章においては、「いえ」の子ども、村の子ども、幕府の子ども・藩の子ども、という観点に立って、江戸後期の子どもがどのような教育を受けていたのか述べてきた。そこで明らかになったことは、子どもが生まれながらにしてもっている属性、すなわち、性別・身分・階層・続柄などによって、多様な教育を受けていたということである。そしてその多様性とは、選択可能なものとしての多様性ではなく、属性によって自ずと決定されていく、結果としての多様性であった。

このような子どもをとらえるまなざし、そして教育のあり方は、明治以降、当然、変わっていかざるをえない。いうまでもなく、幕藩体制の崩壊、廃藩置県の実施は、幕府の子ども・藩の子どもというまなざしの消滅を意味していた。しかし、明治初期における子どもをとらえる視線の変化はこれにとどまるものではなく、「いえ」の子ども、村の子どもというとらえ方も変化していった。もちろんその変化は急に起こったわけではなく、政治体制の変化とはかかわりなく、従来通り家や村での生活は営まれ、子どもは育てられていく。しかし家族のあり方そのものに変化は見られなくても、近代国家の成立は、制度上、家族と国家、そして家族と共同体の関係性に大きな変更をもたらすものであった。その結果、「いえ」の子ども、村の子どもという子どもの位置づけも変わっていかざるをえない。それはいったいどのような変化だったのだろうか。

共同体からの家族の自立

明治初期における家族の変化として、まず第一に指摘しておきたいことは、家族が共同体から自立していくということである。すでに述べたように、江戸時代においては、「いえ」というものが社会の基礎として存在する一方で、その「いえ」は制度上も、実際の生活レベルにおいても、共同体に組み込まれていた。しかしこのような「いえ」と共同体との関係性は、明治初年の一連の政策によってその存在基盤が掘り崩され、家族は共同体の外的強制から自由になっていった。

すなわち、諸道の関門が廃止されることによって、人々は移動の自由を獲得していく。また、在官者以外の華族・士族・卒《そつ》族（足軽などの下級の士族）の職業の自由が認められ、田畑勝手作《かってづくり》の許可や土地永代売買の解禁が行われることによって、人々は職業選択の自由も得る。その結果、人々は共同体や家業と決別して、自由に居所や職業を選ぶことができるようになった。また村請制や五人組制度の廃止によって、共同体秩序がゆるみ、共同体と無関係に生きていくことも制度上可能となった。さらに、明治四（一八七一）年の戸籍法の制定によって、勘当《かんどう》（親が子を家から追放する行為）・久離《きゅうり》（親族関係断絶の行為）の制度も消滅する。すでに述べたように、江戸時代においては、これらの制度には共同体規制が働いていたが、勘当・久離が消滅したことにより、共同体の関与がなくなり、親子関係は親族のみが関与する営みとなっていった（広井多鶴子「父と母の制度史」）。

もちろんこれらはあくまでも制度上の変化である。したがって実際には、江戸時代とさほど変わりない生活が営まれ、子どもは相変わらず村の子どもとして育てられていたであろう。しかし江戸時代のように、家族が共同体の中に組み込まれ、人々が共同体の中で相互に依存・監視しあいながら生きねばならない社会の仕組みが、制度上なくなっていったのである。

国家の基礎としての家族

このように、明治初年において、家族と共同体との関係性は希薄化し、家族は共同体からの自律性を確保したのであるが、他方で、家族と国家の関係性は強まっていった。というのは、明治四（一八七一）年に戸籍法が制定され、戸籍制度が創出されたことによって、家族は国家から直接的に把握される存在、国家の基礎単位となったからである。このことが家族の変化として第二に指摘しておきたいことである。

もちろん江戸時代においても、幕府や諸藩は人別改帳《にんべつあらためちょう》や宗門改帳《しゅうもんあらためちょう》を作成し、家族を単位とした住民の把握、人口調査を行っていた。しかしこれらは、全国くまなく、同一の方式で調査・作成されたものではなく、必ずしも家族を単位としているわけではなかった（速水融『江戸の農民生活史』）。またもともと宗門改帳はキリシタン宗門改め、つまり仏教徒であることを証明するためのものであり、人口調査を直接の目的としていたわけでもなかった。

ところが、明治維新直後から、政府は欧米列強の要求によって信仰の自由を認めざるをえなくなり、明治四年一〇月に宗門改めの制度を廃止した。そしてこれとちょうど入れ替わる形で、明治四年四月に、国民総人口の把握、脱籍者の取締りを直接の目的として、戸籍法が制定されている。この戸籍法は翌年に施行されて、戸籍の編製作業が進められていった。そこでできあがった戸籍が、いわゆる壬申《じんしん》戸籍である。この戸籍法の特徴は、第一則に示されているが、そこでは次のように述べられていた。

戸籍旧習ノ錯雑アル所以《ゆえん》ハ、族属ヲ分《わか》ツテ之《これ》ヲ編製シ、地ニ就《つい》テ之ヲ収メザルヲ以テ、遺漏ノ事アリト雖《いえど》モ、之ヲ検査スルノ便ヲ得ザルニ依レリ、故ニ此度《このたび》編製ノ法、臣民一般（華族士族卒祠官僧侶平民迄ヲ云フ、以下准《これにじゅんず》レ之）、其住居ノ地ニ就テ之ヲ収メ、専《もっぱ》ラ遺《のこ》スナキヲ旨《むね》トス

ここで注目すべき第一のことは、戸籍の編製が「族属」別、すなわち身分別にではなく、四民平等を建前として、「臣民一般」に対して行われたことである。戸籍法以前に一部の地域で作成されていた戸籍、たとえば、京都府戸籍仕法（明治元年一〇月制定）による戸籍は族属別に作られていた。しかし戸籍法では皇族以外は同一の戸籍が制定されることになり、ここにはじめての国民統一戸籍ができあがったのである。その結果、戸籍制度は、封建的な身分階層制を破壊して、「国民」観念を生み出す役割を担っていくことになった。

第二には、戸籍は住所地主義が採用され「其住居ノ地ニ就テ」作成されたことである。したがって、同じ家に住み、ともに生活する家族集団が、一つの戸籍を形成することにな

った。居住に基づく現実の生活単位である「家」をもとに戸籍が作られ、この戸籍を通して国家は国民を把握しようとしたことがわかる。その結果、すべての国民は、戸主《こしゅ》を中心に、戸主との続柄において表示された戸籍の中に組み込まれた存在となっていった。

つまり戸籍制度は、国民観念を生み出しただけでなく、「家」単位で編製されたことにより、「家」の観念をも国民一般に浸透させる役割を担ったといえるだろう。とりわけ、明治六（一八七三）年に出された徴兵令の免役規定は、免役対象者として戸主・嫡子《ちゃくし》・嫡《ちゃく》孫子《そんし》・養嗣子《ようしし》をあげていたので、家産や家業に無縁で「いえ」をもてなかった人々も、「家」の存在を急速に意識化していくことになった。しかも明治八（一八七五）年より、それまで苗字をもっていなかった者も必ず姓を称さねばならなくなったので、その姓が家名となり、よりいっそう「家」の存在は確かなものとなっていった。

この後、戸籍制度は、明治一九（一八八六）年、三一（一八九八）年、大正三（一九一四）年と改正され、戸籍の形態は変化している。ただこれらの変化があっても、国家の基礎単位として「家」という家族が存在することには変わりがなかった。「家」はまさに近代国家の成立とともに、その存在が確固としたものとなったのである。そしてこのことは、子どもが「いえ」―共同体という枠組みではなく、「家」―国家という枠組みでとらえられたことを意味していた。

このように書くと、「いえ」と「家」の違いは何かという疑問がおこるかもしれない。本書でこのような使い分けをしたのは、江戸時代の「いえ」は公的存在意義をもっていたのに対して、明治以降、「家」は私的存在へと変化したと考えるからである。

家族の私化

すでに述べたように、江戸時代の「いえ」の特徴の一つは、家業・家産・家名の一体性にあり、職業も財産も「いえ」についたものであったという意味で、「いえ」は公的な存在意義をもつ存在であった。それゆえ子どもとは、家業・家産・家名を体現した「いえ」を存続させていくための公的存在であり、出産や育児などもまったくの私事ではありえなかった。

しかし明治維新後、家族をめぐるこのような状況は、大きく変わっていかざるをえない。とりわけ幕藩体制の崩壊にともなって、根底からその存在を揺さぶられた武士家族は、劇的な変化にさらされていくことになる。

まず指摘できることは、そもそも武士家族の存在基盤であった、主君に対する家臣の忠誠奉公という封建的主従関係が、明治四（一八七一）年七月の廃藩置県により完全に消滅したことである。その結果、代々受け継がれてきた家業が消滅した。また同年一二月には、在官者以外の華族・士族・卒族の職業の自由が認められ、士族たちは生計の道を求めて農業・工業・商業などを営むことになる。時を同じくして、明治九（一八七六）年までに秩《ちつ》禄《ろく》処分も遂行されていき、家禄も消滅した。武士家族はいわば公的存在意義・経済的基盤を失い、私的な存在に転換していったのである。

このように旧武士家族は、劇的な変容を余儀なくされたが、農民の家族もまた明治維新後、変化にさらされていった。というのも、土地制度改革によって、農民と土地との関係に大きな変更がもたらされ、それは農民が抱いていた土地に対する家産観念を突き崩していくことになったからである。

地租改正（明治六年七月）に先だって、明治五（一八七二）年二月には土地永代売買の解禁と土地売買譲渡につき地券渡方規則の制定が行われ、同年七月からは壬申地券が本格的に交付されていった。これらは従来の土地所有に根本的な変革を推し進めるものであり、土地所有がすべての者にひとしく認められるとともに、土地の売買も自由化され、土地は商品として流通していった。問題は、その土地の所有者が誰かということである。

幕藩体制下において、事実上の土地所有は農民にあり、それは先祖伝来の家産として観念されていた。したがって明治以降もその土地は、「家」およびその代表者としての戸主のもの、つまり家産であると一般には認識されていた。しかし他方で、これらの改革を通して土地の売買が自由化され、だれでもが土地の所有者になりうるのであるから、その土地は家産ではなく、個人財産となり、戸主以外の者が所有することも可能となる。すなわち、土地は従来と同じく家産として扱われるべきものなのか、それとも「家」の拘束から離れた、個人の所有に属するものなのかという問題が、土地制度改革の過程で浮上してきたといえよう（福島正夫『日本資本主義と「家」制度』）。

結果的には後者の意見が有力となり、最終的には、明治一五（一八八二）年の太政官指令により、未成年者と妻以外は、自由に土地の売買や譲渡を行うことが可能となった。要するに、土地改革によって農民家族の存在基盤としてあった、土地の家産としての性格が変化したのである。もちろん、個々の農民たちは従来通り、田畑に対して先祖伝来の家産という観念をもって接したであろうが、法的な位置づけは変化していった。そして明治三一（一八九八）年に公布された民法では、いうまでもなく、財産の所有主体は個人であり、家産の規定はまったく存在していない。このように庶民家族もまた、武士家族ほど劇的ではなかったが、私的な存在へと転化していったのである。

つまり制度的レベルでいえば、明治以降、「いえ」の家業・家産・家名の一体性は崩れていったのであり、「家」は家名によって体現された観念としての存在になっていったといえるだろう。したがって、「家」の子どもというまなざしで子どもがとらえられたとしても、そのありようは「いえ」の子どもと異なっており、職業選択の自由をもち、成年になれば、男性は個人財産の所有主体となりうる存在であった。

このように、江戸時代から明治時代への転換の過程で、家族は、村落共同体などの社会集団からの独立性を高めるとともに、近代国家の基礎という位置づけを獲得し、国家から直接的に把握される存在、国家の管理と干渉の対象となっている。そしてその家族は公的性格を失い、私的な存在となっていった。つまり、「いえ」の子ども、村の子ども、幕府の子ども・藩の子どもという、江戸時代の子どもをとらえるまなざしは、家族と国家という枠組みの下で子どもをとらえるものへと変化しつつあったということであろう。

そしてこのような変化をもっとも端的に示すものが、近代的な学校教育制度の開始であり、そこに示された、国家の子ども、という子どものとらえ方である。これが子どもの教育のあり方をどのように変えたのか、以下、考えていくことにしたい。

学制の意味するもの

明治初年の教育意見

よく知られているように、日本における近代的な学校教育制度は、明治五（一八七二）年八月に出された学制によってはじまった。しかし学制が出されたからといって、すぐさま日本全国に学校教育制度が普及し、定着したわけではない。また学制自体も、発布から七年後の明治一二（一八七九）年に教育令が出されたことによって、その制度としての役目を終えている。しかしそれでも、学制が子どもの教育に対する従来の考え方を大きく転回させたという点において、大きな歴史的意義をもっていたことは間違いない。そこで、その歴史的意義とは何だったのか、まずこのことから考えてみたい。

学制が発布されたのは、明治五年のことであったが、明治政府は新政権樹立直後から教育を大きな政治課題としてとらえ、そのありようを模索していった。もちろん、廃藩置県によって中央集権的な国家体制が樹立される以前は、全国統一的な教育政策を実施することは不可能なのであるが、それでも、いくつかの教育意見が提出されている。その詳細に関しては、本山幸彦『明治国家の教育思想』に述べられているが、ここでは木戸孝允《きどたかよし》の「普通教育の振興につき建言書案」（明治元年一二月）を取り上げてみたいと思う。ちょっと難しい文章であるが、木戸は次のように述べていた。

元来《がんらい》国之富強は人民之富強にして、一般之人民無識《むしき》貧弱之境を不レ能レ離《はなれあたわざる》ときは王政維新之美名も到底属二空名一《くうめいにぞくし》、世界富強之各国に対峙《たいじ》する之目的も必失二其実一《かならずそのじつをうしなう》。付ては一般人民之智識進捗《しんちょく》を期し、文明各国之規則を取捨し徐々全国に学校を振興し大《おおい》に教育を被レ為レ《しかせられ》布候儀、則《すなわち》今日之一大急務と奉レ存《ぞんじたてまつり》候。

この文章の要点は二つある。一つは、国家の富強は人民の富強であり、国民一人一人の知的能力の開発が不可欠であると考えられていること。二つには、そのために全国民を対象とした学校の設置が急務であるとされていること。つまり、国家の発展という視点から教育をとらえ、その教育は一部の者に対してではなく、国民全体を対象としたものであるべきだと、木戸が考えていたことがわかる。すでに述べたように、江戸時代の子どもの教育は、子どもの属性によって大きく違っていた。それがここにおいては、個々の属性が捨象され、国民という視点で教育が論じられている。教育をとらえる視線が大きく変わり、子どもに対して「国家の子ども」というまなざしが投げかけられていることがわかる。

この木戸の教育意見が出された翌月、つまり明治二（一八六九）年一月には、伊藤博文が「国是綱目《こくぜこうもく》」を提出している。その第四条において彼は、封建的な身分制度を否定する考えを吐露し、そのうえで第五条において、「全国ノ人民ヲシテ世界万国ノ学術ニ達セシメ、天然ノ智識ヲ拡充セシム可《べ》シ」と述べていた。そのことが「欧洲各国ノ如《ごと》ク文明開化ノ治ヲ開」く基盤となるのであり、「府藩県ヨリ郡村ニイタル迄小学校ヲ設ケ」ることが必要であると彼は主張している。伊藤もまた、木戸と同様に、国民一人一人の知的能力の開発が一国の文明開化をもたらすという視点に立って、教育の問題を考えていたことがわかる。

これら二つの教育意見が、すぐさま、全国統一的な教育制度の実施に結びついたわけではなかったが、国民教育という視点で教育をとらえた点において、これらの意見は画期的なものであった。そして明治四（一八七一）年の廃藩置県、文部省の創設をへて、明治五年八月三日、学制が発布され、全国統一的な教育制度が成立することになる。

学事奨励に関する被仰出書

学制公布に先立って、文部省は六月二四日に「学制実施細目につき太《だ》政官《じょうかん》指令」を、学制公布の前日にはいわゆる「学事奨励に関する被仰《おおせい》出書《だされしょ》」（以下、被仰出書と略す）を出している。特に後者において文部省は、学制を支える教育理念を明らかにしているが、これについてはこれまで多くの書において論じられてきた。ここでそれを繰り返すことは避けたいと思うので、本書の問題関心からみて注目すべき点だけを指摘しておきたい。

まず第一に注目したいことは、被仰出書の冒頭にある次の言葉である。「人々自ら其身を立て、其産を治め、其業を昌《さかん》にして以《もっ》て其生を遂《とぐ》る所以《ゆえん》のものは、他なし、身を修め智を開き、才芸を長ずるによるなり、而《しかし》て其身を修め智を開き才芸を長ずるは、学にあらざれば能《あた》はず」。このように被仰出書は、人々の生活の基本を立身、治産、昌業の三つに求め、そのうえでこの成就のために学問が必要であると考えていた。学問とはまさに「身を立るの財本」であった。

第二に指摘しておきたいことは、「一般の人民（華士族農工商及婦女子）、必ず邑《むら》に不学の戸なく家に不学の人なからしめん事を期す」という言葉に象徴されるように、全国民を対象とする教育が宣言されていることである。いわば教育上の四民平等、男女平等が構想されていたといえるだろう。この理念が掲げられたことと、これが実現したこととは別問題であるが、ともかくも、身分や階層別、あるいは男女別の教育ではなく、「一般の人民」を差別なく入学させるための教育制度が学制では構想されることになる。このように、すべての者が等しく小学校教育を受けていくことがめざされたことは、一九世紀後半という時期にあって、実に画期的なことであったといわねばならない。

第三に注目すべきことは、義務教育という言葉こそ使われていなかったが、「人の父兄たるもの宜しく此意を体認し、其愛育の情を厚くし、其子弟をして必ず学に従事せしめざるべからざるものなり……幼童の子弟は男女の別なく小学に従事せしめざるものは其父兄の越度《おちど》たるべき事」と、保護者は子どもを就学させなければならないと述べられていたことである。寺子屋教育のように、親が子どもを通学させるか否か、斟酌《しんしゃく》できるわけではなかった。

つまり学制によって国家は、個人の立身、治産、昌業のための学問の習得、学校への就学を、国民に対して身分・性別の区別なく強制したということになる。それというのも、先にふれた木戸の意見にもあったように、国民一人一人の知的能力の開発こそが、国家の富強につながると考えられていたからであった。

このような教育の姿は、江戸時代における教育のありようとなんと異なっているだろうか。学制の下で、子どもはみな、制度化され、組織化された学校教育を受けなければならなくなったのである。それは、ある者は藩校や寺子屋などの学校に通い、ある者は日常生活を通して経験的にものごとを学んでいく、といった教育のありようとはまったく異なっている。また生活していくうえでの必要性や、「いえ」や藩などの存続・発展という観点から教育が語られるのではなく、国家的な視点に立って教育がとらえられたことも意味していた。

要するに、国家の子どもというまなざしで子どもたちをとらえ、次代の国民形成という新たな教育目的を登場させたこと、一定年齢の子どもたちが、一定の期間、必ず制度化された教育を受けねばならなくなったこと、その教育はそれぞれの子どもに応じた個別的なものではなく、共通教育であったこと、この三点において、近代的な学校教育制度は、それまでの教育のあり方を一変させたのである。

ジェンダーの問題

しかし、にもかかわらず、国家の子どもという視点は、必ずしもジェンダー中立的なものではなかった。たとえば先に述べた「学制実施細目につき太政官指令」は九ヵ条からなっていたが、三ヵ条目に「一般ノ女子、男子ト均《ひと》シク教育ヲ被《こうむ》ラシムベキ事」という項目がある。江戸時代において男女に対する教育のあり方は大きく違い、明らかに男子の方が熱心に意識的な教育を受けていた状況からすれば、この項目が入っていることは実に意義深いことであったといわねばならない。しかし、この項目は次のように説明されていた。

人間ノ道、男女ノ差アル事ナシ。男子已《すで》ニ有レ学、女子学ブ事ナカル不レ可《べからず》。且《かつ》人子学問ノ端緒《たんしょ》ヲ開キ、其以テ物理ヲ弁《わきま》フルユヱンノモノ、母親教育ノ力多キニ居ル。故ニ博《ひろ》ク一般ヲ論ズレバ、其子ノ才不才、其母ノ賢不賢ニヨリ既《すで》已ニ其分ヲ素定スト云《いう》ベシ。而《しか》シテ今日ノ女子、後日ノ人ノ母ナリ。女子ノ学ビザル可ラザル義、誠ニ大イナリトス。故ニ小学ノ教ヲ敷キ、従来女子不レ学ノ弊ヲ洗《し》ヒ之ヲ学バシムル事、務《つとめ》テ男子ト並行セシメンヲ期ス。是、小学ヲ興スニ就《つい》テ第一義トス。

文部省が、女子が将来母となり、その母の賢・不賢が子どもに大きな影響を与えるがゆえに、女子にも教育が必要だと考えていたことがわかる。要するに、女子教育の振興は男子の場合と別の論理が用意されていたのである。直接的に国家の富強を担うものとみなされるか、家にあって次代の国民である子どもを育てるものとしてとらえられるか、国家の子どもというまなざしの投げかけられ方が男女で違っていたといえるだろう。

ただ、江戸時代において女性は母としての役割が期待されていなかったから、このような賢母の養成という観点から女子教育の必要性を主張する論理は、まったく新しいものであった。この問題は、家庭教育のあり方とも深くかかわるものなので、次の「家庭教育と学校教育」の章において改めて論じることにしたい。

このように、国家の子どもという子どものとらえ方が登場してきても、性別の問題はなかなか超えられなかったことになるが、このことは、女というジェンダーを意識した小学校が存在していたことにも見てとることができる。学制には、「男女共必ズ卒業スベキモノトス」（第二七章）とされた尋常小学以外に、いくつかの変則小学の規定が存在していたが、その中の一つに女児小学というものがあった。女児小学とは、「尋常小学教科ノ外《ほか》ニ女子ノ手芸ヲ教フ」（第二六章）る学校である。ここでいう手芸とはおもに裁縫をさしているが、男女共通教育である尋常小学以外に、このような女子用教科を加味した女児小学の規定が存在していたことになる。

つまり、国家の子どもという視点は、従来の、身分、階層、続柄などの子どもの属性にもとづいた教育からの転回を図る、画期的な視点なのであったが、それは必ずしもジェンダー中立的なものとはいえなかったのである。しかも、女児小学はあっても、男というジェンダーを意識した小学校は存在しないことからもわかるように、女というジェンダーのみが意識化され、有徴化されていた。そして後述するように、より国民の要求に沿った学校教育が構想され、学校教育制度が整備されていくにしたがって、このジェンダーの非対称性の問題はより顕在化していくことになる。

教育内容の新しさ

さて、このように学校教育制度の開始は、従来の教育に対するとらえ方を一変させたが、そのことは当然、教育のあり方にも大きな変化をもたらすことになる。それはどのようなものだったのか、小学校教育に焦点を当てて、具体的に述べていくことにしたい。

まず教育内容についていえば、一方では寺子屋教育とさほど違わない教育、すなわち往《おう》来物《らいもの》を使った手習いとそろばんの教育を行っていた小学校が存在していた。しかし文部省がめざしていた教育はもちろんこのようなものではなかったし、時間の経過とともに、寺子屋風小学校はしだいに姿を消していくことになる。では、文部省が小学校教育に求めていた教育内容とはどのようなものだったのだろうか。

学制第二七章には、子どもが最初に入学する小学校である下等小学の教科として、次の教科名があがっていた。綴字《つづりじ》、習字、単語、会話、読本、修身、書牘《しょとく》、文法、算術、養生法《ようじょうほう》、地学大意、理学大意、体術、唱歌、である。ここで注目したいのは、第一に理学大意などの自然科学系の科目と、体術や唱歌が入っていることである（ただし唱歌は、「当分之ヲ欠ク」とされていた）。これらは、江戸時代の学校では教えられることがなかったものであり、従来の教育には存在しなかった新しい教育内容が小学校で教えられることになった。しかし他方で、武士の教育においてもっとも重視されていた漢学が、教科として設置されていない。これが第二に指摘しておきたいことである。そして第三には、算術には「洋法ヲ用フ」と但し書きがつけられていることである。そろばんを使って計算をするのではなく、アラビア数字を使って筆算をするというやり方が導入されていた。

つまり、学制に規定されていた教育内容は、実学ではあったが、当時の人々が慣れ親しんでいた生活に密着していた実用的な知識では必ずしもなかったのであり、学問所や藩校における教育とも、寺子屋教育とも異なるものであったといえるだろう。そしてこのような教科名を眺めていると、それらは江戸時代の子どもが学んでいたものより、現代の子どもが学んでいるものに、より多くの類似点があるのではないかと思えてくる。もちろん、現在の国語にあたる教科が細分化されていたり、社会にあたる教科が存在しないなどの相違はある。しかしそれでも、寺子屋での手習いを中心とした学習や、藩校や学問所での漢籍の素読や講義を中心とした学習といった江戸時代の教育と、小学校教育との断絶の方に目を奪われてしまう。まして、家業を継承するための必要な知識や技術を、親から子へと日常生活を通して伝えていく教育と、小学校教育とはまったく異なっていた。小学校で学ぶべきものは、漢学でもなければ、家業継承のための経験知でもなく、国家によって定められた国民教育としての教科だったのである。

試験による進級

このように小学校では従来の教育とは断絶した教育内容が構想されていたが、違いはそれだけではなかった。小学校では学習成果を測定するための試験が行われている。すでに述べたように、武士の学校には試験制度があったが、その中心的ねらいは人材登用をテコとした学問の奨励であった。寺子屋には学習成果の確認を行う浚《さらい》や席書《せきがき》があるにすぎなかった。

しかし学制で登場した試験は、こういうものとは性格を異にしており、主として進級と卒業の認定のためのものであり、不合格であれば原級留置《げんきゅうとめおき》という厳しい現実が待っていた。というのは、学制は現代のように年限主義ではなくて、課程主義という進級システムを採用していたからである。つまり、半年ごとに試験を受けて合格すれば、下等小学八級

→七級と進級していく仕組みになっていたし、飛び級も存在していた。
この試験は実に厳格に行われており、斎藤利彦『試験と競争の学校史』によれば、合格のためには、総点のほぼ六〜七割以上の得点をとることや、どの教科もまんべんなく得点をとることが必要であり、平時の学業が劣る者に対してはより厳しい及第の基準が課されていた。したがって落第率が高く、落第はけっして特別のことではなかった。試験の経験がなかったところに、このような厳格な試験制度が導入されたのであるから、子どもはさぞや圧迫感を感じたと思われる。

しかし試験制度は普及し、進級や卒業認定のためばかりでなく、座席の序列を決めるための毎月の試験や他の小学校との比較試験、飛び級のための臨時試験などが、実に頻繁にかつ熱心に行われていた。しかもその試験は親たちに公開され、学校行事と化してさえいた。

このような試験制度のあり方に対して、現代に生きるわたしたちは、小学生に対して何とむごい制度だろうかと、つい情緒的な反応をしてしまいがちになる。だが問題は、なぜこのような制度が存在していたのか、なぜ頻繁にかつ熱心に試験が繰り返されていたのか、ということである。斎藤はその理由を三点指摘している。第一に、当時採用されていた厳

第一試場図

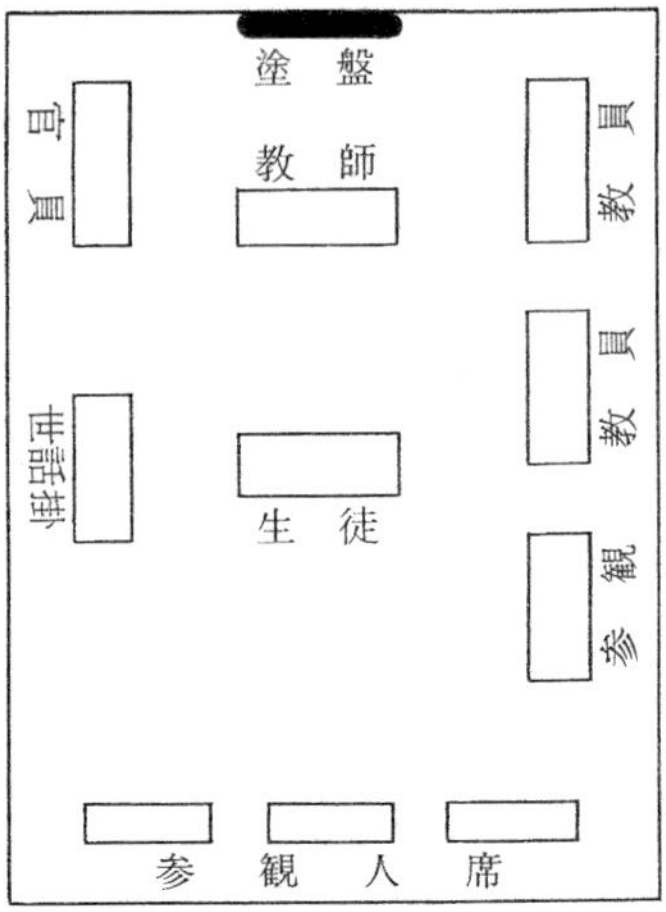

第二試場図

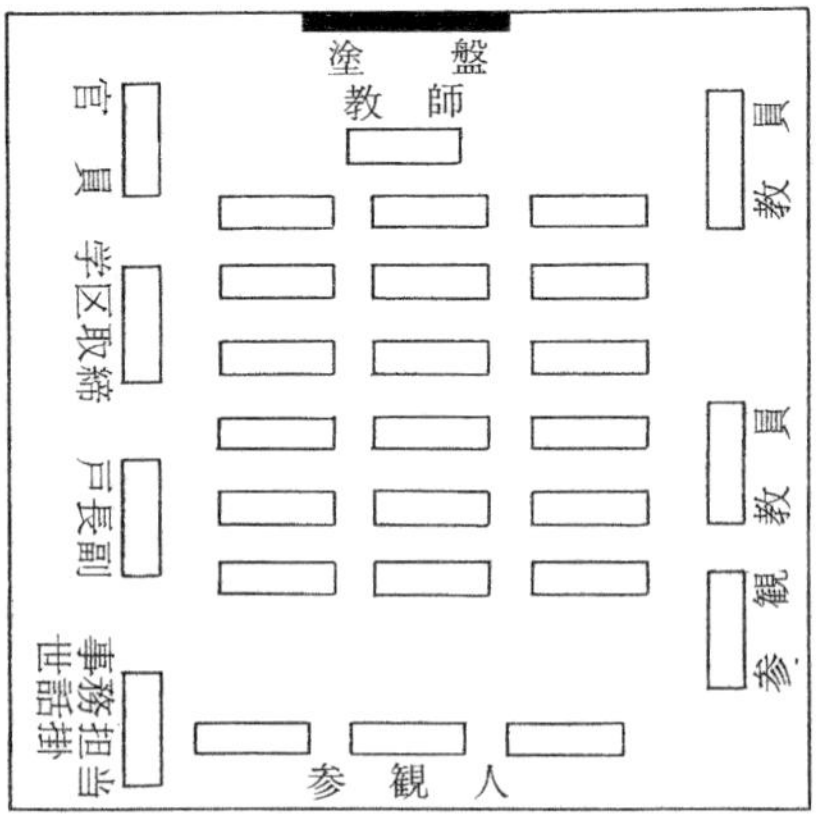

図2　長野県「下等小学試験法」による試験場
（『長野県教育史』第四巻、1979年）

格な等級制にもとづく進級システムの存在。進級の基準は、年齢や就学期間にではなく、その級の課程をマスターしたか否かにおかれており、そのために試験制度が活用されていた。第二には、試験が教育上の四民平等という理念を端的に象徴するものであったこと。試験はいうまでもなく、個人の成績に対する評定であり、業績主義の原理を鮮やかに示すものであった。第三に、学事奨励のためのもっとも効果的な方法として、試験による競争心が利用されたことである。

大人と子どもは競争しないことからもわかるように、競争というものは、同じ土俵に上がれる者たちの間で行われるものである。身分制社会である江戸時代において、身分を異にする子どもたちの間で競争が行われるはずもなかったが、四民平等という理念は、子どもが同じ土俵に上がることを可能にした。個人の成績によって及第・落第が判定されていく試験という制度は、このような社会の変化を誰にでもわかりやすく示すものであり、競争という地平を新たに拓くものであった。そしてそれは、江戸時代における「分《ぶん》」に応じて生きるという価値観とは対立するものであった。

低就学率

このように学制下の学校教育制度は、江戸時代の教育とは質的に非常に異なるものとして構想され、実施されていった。しかしこのような学校教育

表1　学制下の小学校就学率

	就学率（%） 男	女	平均	出席率（%）	通学率（%）
明治6年	39.9	15.1	28.1	64.8	16.0
7	46.2	17.2	32.3	73.3	23.2
8	50.8	18.7	35.4	74.1	26.0
9	54.2	21.0	38.3	74.9	28.5
10	56.0	22.5	39.9	70.7	27.9
11	57.6	23.5	41.3	70.3	28.9

＊就学率＝就学児童数÷学齢児童数×100
出席率＝日々出席小学校児童数÷小学校児童数×100
通学率＝日々出席小学校児童数÷学齢児童数×100
（『日本近代教育百年史』第3巻、教育研究振興会、1974年より作成）

はすぐに普及したわけではなく、学校の焼き討ち事件に象徴されるように、人々が学校の存在自体に反発していたことが知られている。その結果、その就学実態は、低就学率、短期在学といいうるものであった。学制下の就学率は表1をみれば明らかな通り、三〇～四〇%であるが、これは名目上の数字であり、就学者の中には膨大な数の長期欠席者が含まれていた。そこでより就学実態を明らかにするために、実際に授業に出席していた子どもの割合である出席率を就学率に加味すれば、実際に小学校に通学していたのは三〇%弱であったことがわかる。しかも、男女差が非常に大きかった。

その理由は、いくつも指摘することができる。たとえば、当時の小学校は授業料主義をとっており、親たちがその負担に耐えられなかったということ。江戸時代においては、武士の学校は無償制といってもいいものであったし、寺子屋では謝儀《しゃぎ》などを支払ったものの、それは親の経済状態に応じて、定額でもなければ、金銭とも限らなかった。こういう状況からすれば、学制の授業料主義は親にとってはかなり違和感のある制度だっただろう。また、子どもは家内労働力として期待されており、現実に農作業や子守、家事に忙しく働き、学校に行くどころではなかったということもある。さらに、進級試験になかなか合格することができない子どもが、学校への不満や恐怖を募らせ、しだいに学校から足が遠のいてしまうということもあった。

しかし、その最大の理由は、学校教育に対して親たちが不満を抱いており、子どもを学校に通わせなければならないとする認識を、親があまりもっていなかったのではないかということである。江戸時代における教育のあり方を思い起こしてみれば明らかなように、人々は寺子屋教育を通して、手習いを中心とした日常生活に必要な知識を、さほど費用をかけずに身につけることができた。また人口の大半を占める農民において、子どもの教育とはまず第一に、自分が親の世代から受け継いできた経験知を子どもに伝えていくことであった。子どもを幼いときから田畑へ連れて行き、仕事の手伝いをさせながら、農作業に関する知識や技術、あるいは村人とのつきあい方などを教え、これらを通して、子どもを跡継ぎとし、一人前の村人にしていった。また村でも共同体の一員として子どもをとらえ、その共同性に育まれて子どもは成長し、村の構成員となっていった。

それに対して、小学校には授業料が必要であるとともに、小学校で教えられる教育内容は親が期待していたものとはかけ離れ、学習成果が試験によって測定されるようなものであった。このような状況を考えれば、親たちが子どもを小学校に通わせる必要性がさほどないと認識したとしても、それはある意味では当然のことではなかっただろうか。学校教育制度の成立という、子どもの教育をめぐる仕組みは大きく変わったが、現実にはまだま だ村の子ども、「家」の子どもとして育てられていたのである。

義務教育の定着

学校設置義務

このように、学校教育が開始されたものの、それはなかなか定着しなかった。それゆえ、義務教育制度の確立のために試行錯誤が続けられていくことになる。すなわち、学制の後、明治一二（一八七九）年の教育令や明治一九（一八八六）年の小学校令など、何度も教育制度の改正が行われている。では、いつごろ、どのような制度として義務教育が確立したのだろうか。花井信『製糸女工の教育史』にのっとって、義務教育の確立の指標として、学校設置義務、就学義務、就学保障義務（無償制と児童労働の禁止）を用い、この視点からこの問題を考えていくことにしたい。

当たり前のことであるが、義務教育が成立するためには学校が設置されていなければならない。そして国家の子どもとして子どもがとらえられ、国家の制度として義務教育制度が行われるものである以上、学校の設置は当然公的機関によってなされなければならないことになる。

しかしそれが確立するのは、明治二三（一八九〇）年の小学校令改正まで待たなければならなかった。すなわち、ここにおいて、市町村は「其市町村内ノ学齢児童ヲ就学セシムルニ足《た》ルベキ尋常小学校ヲ設置ス」（第二五条）と規定され、ここに市町村の設置義務が確定したのである。ただ、私立小学校があるときにはそれを公立小学校の代用にできるという、代用私立小学校制度があり、これが削除されたのは明治四〇（一九〇七）年の小学校令改正においてである。ここに至り、小学校の公立制原則が確立したといえるだろう。

ところで、明治二三年に市町村の小学校設置義務が確立したのは、明治二一（一八八八）年に市制・町村制が制定されたことと深くかかわっていた。市制・町村制において、教育は軍事や警察とともに「全国ノ公益ニ出ヅルモノ」（市制・町村制に際して政府が発表した理由書）とされ、教育にかかわる市町村の事務は国からの委任事務と規定されている。これによって、教育の目的・方法・内容などは文部大臣が掌握する一方で、教育施設・設備・教育財政などは市町村が責任をもつという体制が確定し、この体制の下で市町村は小学校設置義務を負うことになった。

就学期間の確立と就学の猶予・免除

では子どもは、どのくらいの年限、義務教育を受けねばならないと規定されていたのだろうか。戦前において、学校への就学が義務づけられた学齢期間は、六歳から一四歳までの八年間と定められていた。この学齢期間の間に子どもはしかるべき年数の学校教育を受けることになるが、その期間は法令によって大きく変動し、明治三三（一九〇〇）年になって、四年間の全国統一的な就学期間が確立した。それが二年間延長され、六年間の義務教育期間となったのは、明治四〇（一九〇七）年のことである（実施は明治四一年四月より）。ちなみに義務教育年限は、昭和一六（一九四一）年の国民学校令において八年間となったが、戦時下という理由でその実施が延期されたので、昭和二二（一九四七）年の学校教育法による新制中学校の成立まで、六年間のままである。

ところで、義務教育期間が明確化した明治三三年とは、就学猶予や就学免除の体制が確立した年でもあった。就学の猶予・免除規定がはじめて登場してきたのは明治一九（一八八六）年の小学校令においてであるが、この時には、疾病《しっぺい》・家計困窮などを理由とした就学猶予が規定されている。明治二三（一八九〇）年の小学校令改正になると、貧窮・疾病などを理由とした就学猶予・免除規定へと拡大され、さらに明治三三年には、「瘋癲白痴《ふうてんはくち》又ハ不具廃疾《ふぐはいしつ》」の場合は免除、「病弱又ハ発育不完全」の場合は猶予、貧窮の場合は猶予・免除へと、よりいっそう細分化された規定となった。

すなわち、就学義務規定が明確化していく過程で、就学すべき者とそうでない者とのふるい分けが進行していたのである。そして後者に対しては教育機会が保障されないまま、猶予・免除が行われ、前者に対してのみ就学の徹底が図られていったといえるだろう。ちなみに猶予・免除規定のうち、経済的理由が削除されたのは昭和一六年、盲・聾児教育の義務化が決定されたのは昭和二二年、その完全実施は昭和三一（一九五六）年であり、養護学校教育が義務化されたのは昭和五四（一九七九）年のことであった。

就学義務　また就学義務が直接的に課せられているのは子どもの保護者であるが、このことはどのように規定されていただろうか。明治一二（一八七九）年の教育令では、義務という言葉は使われておらず、「学齢児童ヲ就学セシムルハ、父母及後見人等ノ責任タルベシ」（第一五条）と述べられていた。父母がまずあげられていることに注目したい。そして保護者に対する義務規定が明言されたのは、明治一九（一八八六）年の小学校令においてであり、「父母後見人等ハ、其学齢児童ヲシテ普通教育ヲ得セシムルノ義務アルモノトス」（第三条）と述べられている。この後、この条文が若干の語句の修正を伴いながら踏襲されていく。ただし主語は、「父母後見人等」から「学齢児童ヲ保護スベキ者」（明治二三年）、そして「学齢児童保護者」（明治三三年）へと変化している。

ではこれらで規定されている人物は、具体的にはどういう人を指しているのだろうか。「父母後見人等」とは、文部省の回答によれば、「父母祖父母伯叔及兄姉等、幼者ニ非《あ》ラザル戸主ト後見人」のことを意味していたという（広井多鶴子「父と母の制度史」）。したがって、就学義務は父母が第一に、ついで戸主や他の尊属が負っていたことがわかる。そして明治二三（一八九〇）年の規定における「学齢児童ヲ保護スベキ者」とは、翌年の文部省令第一六号によって、父母が戸主の場合は父母、父母が戸主でない場合は父母と戸主とされている。いずれにせよ、父母を筆頭として、父母ないし戸主が子どもの就学義務を負っていたといえる。

それに対して明治三三（一九〇〇）年の小学校令では、「学齢児童保護者」は、「学齢児童保護者ト称スルハ、学齢児童ニ対シ親権ヲ行フ者、又ハ親権ヲ行フ者ナキトキハ其ノ後見人ヲ謂《い》フ」（第三二条）と規定されていた。ここで親権という言葉が目をひくが、いうまでもなく、明治三一（一八九八）年には民法が施行されており、これは民法における親権規定をうけてのものであった。そして民法における親権の規定は次の通りである。

第八七七条　子ハ其家ニ在ル父ノ親権ニ服ス、但、独立ノ生計ヲ立ツル成年者ハ、此限ニ在ラズ、父ガ知レザルトキ、死亡シタルトキ、家ヲ去リタルトキ、又ハ親権ヲ行フコト能《あた》ハザルトキハ、家ニ在ル母之ヲ行フ

第八七九条　親権ヲ行フ父又ハ母ハ、未成年ノ子ノ監護及ビ教育ヲ為ス権利ヲ有シ、義務ヲ負フ

このように、親権の行使者はまず父、ついで母であった。つまり子どもの教育は、戸主などが関与しえない、親固有の権限とされたのである。そういう意味では、民法さらには小学校令において、親は子どもの教育に関する「家」からの自立を果たしたといえるだろう。

就学保障義務

さらに、明治三三（一九〇〇）年の小学校令においてもっとも特筆すべき点は、尋常小学校における授業料の徴収が原則として廃止されたことである。学制や明治一九（一八八六）年の小学校令は授業料主義をとっていたし、明治二三年（一八九〇）に市町村の小学校設置義務が確立しても、授業料は徴収されていた。これは当然のことながら、親に経済的負担を強いるものであり、就学が定着しない一つの原

因でもあった。それが、明治三三年、原則として不徴収となり、教育費は市町村費と府県からの補助によって賄われることになった。授業料の徴収も認められていたので、完全無償制の実現というわけではないが、『文部省年報』から計算すれば、授業料を徴収していた尋常小学校は、明治三三年度には八一％ほどあったのに対し、明治三四年度には九％ほどに激減している。これによって親の経済的負担はかなり軽減されることになった。

最後にもう一点、明治三三年の小学校令において登場してきた規定を指摘しておきたい。それは児童労働にかかわるものである。働く子どもの姿はいつの時代にもありふれたものであったし、学校に通っていない子どもはもちろん働いていた。しかしその働き方は産業革命をへて変化しつつあった。従来からの、家業に従事する家内労働、あるいは奉公という形態ではなく、工場に雇用された児童労働者が多数生まれていたのである。そしてこの児童労働者の教育に言及した規定が、明治三三年の小学校令にはじめて登場している。

それは、「尋常小学校ノ教科ヲ修了セザル学齢児童ヲ雇傭スル者ハ、其ノ雇傭ニ依リテ児童ノ就学ヲ妨グルコトヲ得ズ」（第三五条）という規定である。この条文に対して、翌々日に出された文部省訓令第一〇号は、次のように説明していた。「未ダ尋常小学校ノ教科ヲ卒《おわ》ラザル児童ハ、仮令《たとい》貧家ノ子弟ナリト雖《いえど》モ、之《これ》ヲ雇傭セザラシムルノ旨意《しい》ニアラズ、寧《むし》ロ雇傭主ヲシテ簡易便宜ノ方法ニ依リ、其ノ雇傭スル児童ニ教育ヲ施サシメントスルノ精神ニ外ナラズ」。

つまり、義務教育未修了の子どもを雇用するなということではなく、「簡易便宜ノ方法」で児童労働者に対して就学保障をしろということなのであった。なんとも中途半端な規定であったが、若干の工場内教育所や夜学校などが、働く学齢児童のために設立されている。

そして一二歳未満の子どもの工場労働禁止が打ち出されるのは、明治四四（一九一一）年公布の工場法（施行は大正五年）まで待たなければならなかった。といっても、この工場法は一五人以上の職工を雇用する工場が対象だったので、一五人未満の小規模工場に勤める子どもにはなんの効力もなかったことになる。それに工場法対象の工場でも、施行時に一〇歳以上の者は引き続き就業させることが許されていた。そういう意味では、工場法はザル法であったが、それでもいちおう、ここに義務教育年齢の子どもの工場労働は禁止されたのである。

就学率の上昇

明治三三（一九〇〇）年の小学校令改正は、このようにさまざまな点において重要な節目となるものだったことがわかるが、実に興味深いことに、制度としての義務教育が確立してくるこの時期こそが、就学率の急上昇期にあたっていた。表2は明治二〇年代後半から三〇年代にかけての就学率の推移を表したものである。とりわけ明治三〇年代前半に女子の就学率が急激に伸びたために、全体の就学率が押し上げられ、明治三五（一九〇二）年に九〇％を超えたことがわかる。この表には載っていないが、明治末年には通学率は八九％にまで達しており、小学校へ通学することがかなり一般化したといえるだろう。

ただ、土方苑子『近代日本の学校と地域社会』によれば、就学率が一定の高率になっても、卒業を待たずに中退する子どもも多く、たとえば明治四五（一九一二）年に小学校に入学した子どもの中途退学者の割合はおよそ二割であった。そして小学校に入学した者が卒業まで在学するようになったのは、同書によれば、昭和初期であったという。したがって、義務教育制度が文字通り定着したといいうるのは、このころであったといえるだろうが、問題はなぜ明治三〇年代前半に就学率の上昇が見られたのかということである。

就学率の上昇要因について、これまで次のような点が指摘されている。一つには、明治三三年の小学校令改正によって授業料不徴収の原則が掲げられ、親の経済的負担が軽減されたこと。二つには、明治三〇（一八九七）年ころから、専任郡視学や府県視学官による学事巡視が活発化し、学用品の給貸与などの就学援助、皆勤した模範児童や就学率の高い

表2　明治20年代後半から30年代にかけての小学校就学率

	就学率（%）男	女	平均	出席率（%）	通学率（%）
明治26年	71.6	37.8	55.8	76.1	35.0
27	74.0	41.1	58.7	76.8	36.7
28	76.7	43.9	61.2	80.3	40.0
29	79.0	47.5	64.2	81.0	41.6
30	80.7	50.9	66.7	81.1	44.0
31	82.4	53.7	68.9	81.6	45.6
32	85.1	59.0	72.8	83.2	48.8
33	90.6	71.9	81.7	84.6	59.2
34	93.8	81.8	88.1	85.5	65.1
35	95.8	87.0	91.6	86.9	68.4

＊就学率＝就学児童数÷学齢児童数×100
出席率＝日々出席小学校児童数÷小学校児童数×100
通学率＝日々出席小学校児童数÷学齢児童数×100
（『日本近代教育百年史』第4巻、教育研究振興会、1974年より作成）

模範小学校の表彰などの就学督励策が積極化したこと。三つには、同じく明治三〇年代に入ると、女子就学率の向上策として、裁縫科の実施や女性教員の本格的な養成などが行われたことである。

これらの施策以外に、親の意向に沿い、村の実態にあわせた学校教育の展開も、就学率の上昇要因として指摘されている。それはたとえば、村の祭りの日は学校も休みとなり、田植えや稲刈りの時には農繁期休暇が行われること、運動会に代表される学校行事が父母だけでなく地域ぐるみの行事、村の祭りと化していくこと、農村の実情に熟知した農家出身の教員を増やすこと、などである。これらのことを通して、小学校は村の承認をとりつけ、就学者の増加、定着が図られていった。

さらに子どもに大きな圧迫感を与えていた試験制度も変化している。明治二四（一八九一）年の小学校教則大綱によって、小学校の試験は、「教授上ノ参考」と卒業認定のために行われるものとなった。修了や卒業認定の際には、単に一回の試験によってではなく、平素の行状や学業を斟酌《しんしゃく》することが決められている。その結果、試験の回数も減っていき、遂に明治三三年の小学校令施行規則によって、修了と卒業の認定は平素の成績によって行うことが決定された。このことによって、子どもも親も試験に対する緊張から解放され、よりいっそう、学校は国民の間に定着していったと思われる。

またすでに述べたように、就学率には大きな男女差が存在していたから、女子を意識した就学対策も行われている。その一つは裁縫科の実施である。裁縫教育は親がもっとも望んでいたものであり、裁縫の技術の習得は、身分・階層を問わずに、女子が身につけておくべきものと伝統的に考えられていた。そのため明治一二（一八七九）年の教育令において、裁縫科は女子用の教科として登場したが、裁縫科を担当できる教員の不足と裁縫教育を行うための設備の不十分さのために、実際にはさほど実施されていなかった。このような状況のなかで、文部省は明治二六（一八九三）年に訓令第八号を発し、女子就学率向上の観点から、裁縫教育の充実を求めている。『文部省年報』から計算すれば、尋常小学校における裁縫科の実施率は、明治三〇（一八九七）年には一九％ほどであったが、一〇年後には四八％まで上昇している。

女子就学の対策

もう一つの女子への就学対策は、男女別学級編制の推奨である。男女別学級の規定がはじめて登場したのは、裁縫科の登場と同じく、明治一二年の教育令においてであったが、そこでは、「凡《およそ》学校ニ於テハ男女教場ヲ同クスルコトヲ得ズ、但、小学校ニ於テハ男女教場ヲ同クスルモ妨ゲナシ」（第四二条）とされていた。しかし、明治三〇年に文部省訓令第一二号が出され、男女別の学級は、「女児教育ヲ益《ますます》女児ニ適切ナラシムルニ依リ、自ラ女児就学ノ数ヲ増スコトヲ得ン」と位置づけられている。女子だけの学級の方が、親の安心感を得られるためであると思われる。

このように、女子に対する義務教育の定着のためには、女というジェンダーに応じた教育が必要だったことがわかる。義務教育制度は、子どもを次代の国民としてとらえたからこそ実施されたものであったが、身分や階層は国民教育という概念によって乗り越えられたものの、性別は必ずしもそうではなかったということだろう。そしてこのジェンダーに応じた教育は、中等教育段階以降、より明確に制度化され、中学校と高等女学校のように、男女別の学校制度が存在している。

教育内容の国定

さて、就学率の上昇にともなって、子どもが学校教育を受けることが当たり前のことになったが、このことは、裁縫科を除いて、皆がほぼ同一の教育内容を学校で学ぶようになったことを意味していた。それは当然、子どもが自らの必要性に応じて多様な教育内容を学ぶということではなく、国家によって定められた教科を学習するということである。

では、子どもはどういう教科を学んでいったのだろうか。学制では細分化された数多くの教科があげられていたが、明治一二（一八七九）年の教育令ではそれらが整理され、基本的な学科は、読書、習字、算術、地理、歴史、修身となった。またこの時、先に述べたように、女子のために裁縫科を設けることが可能となり、これはこの後ずっと踏襲されていった。

翌年の改正教育令では、修身が筆頭教科になったものの、学科の種類に変更はない。明治一九（一八八六）年の小学校令になると、修身、読書、作文、習字、算術、体操が基本の学科となり、それが明治三三（一九〇〇）年の小学校令ではさらに整えられて、修身、国語、算術、体操という構成になっている。そして明治四〇（一九〇七）年の小学校令改正では、義務教育年限が二年間延長された結果、教科目の種類が増え、修身、国語、算術、日本歴史、地理、理科、図画、唱歌、体操と女子のための裁縫になった。ここに、戦前の義務教育における教育内容の骨子ができあがったといえる。

しかも、学ぶべき教科が文部省によって定められただけでなく、その教科の内容もまた文部省によって規定されていた。すなわち、明治一三（一八八〇）年の改正教育令において、小学校の教則は、文部卿が頒布した綱領にもとづいて府知事県令が編制すると決定され、翌年には文部省達として小学校教則綱領が出されている。そして明治一九年には「小学校ノ学科及其程度」、明治二四（一八九一）年には小学校教則大綱が出されているが、これらは小学校令およびその改正をうけてのものであった。さらに、明治三三年の小学校令改正や明治四〇年の小学校令改正の際には、文部省令として小学校令施行規則が出され、これに教科やその編制の基準が示されている。つまり小学校教育は、文部省によって出された施行規則などに沿って、教育内容の編制が行われる仕組みになっていたのである。

それがどのようなものであったのか、一例としてあげたものが表3である。これは、明治三三年の小学校令施行規則の中に掲げられているものであり、ここにはそれぞれの学年における、各教科の毎週の授業時間数と教育内容が示されていた。また条文中には、それぞれの教科の要旨とその基本的な内容が定められており、日本全国、どの小学校でも、ほぼ同一の内容が学ばれていったことになる。

さらにいえば、教科書も、明治一九年の小学校令によって検定制度が導入され、文部大臣の検定を受けて合格したもののみが使用されることになった。検定制度は明治三六（一九〇三）年になると国定制度に移行し、その結果、基本的には、国家が編纂した教科書が小学校では使われることになったのである。

表3　尋常小学校各学年の教育内容及び毎週授業数

	修身	国語	算術	体操	図画	唱歌	裁縫	手工	計
毎週教授時数	二	一〇	五	四					二一
第一学年	道徳ノ要旨	発音 仮名及近易ナル普通文ノ読ミ方、書キ方、綴リ方、話シ方	二十以下ノ数ノ範囲内ニ於ケル数ヘ方、書キ方及加減乗除	遊戯		平易ナル単音唱歌		簡易ナル細工	
毎週教授時数	二	一二	六	四					二四
第二学年	道徳ノ要旨	日常須知ノ文字及近易ナル普通文ノ読ミ方、書キ方、綴リ方、話シ方	百以下ノ数ノ範囲内ニ於ケル数ヘ方、書キ方及加減乗除	遊戯 普通体操	単形	平易ナル単音唱歌		簡易ナル細工	
毎週教授時数	二	一五	六	四					二七
第三学年	道徳ノ要旨	日常須知ノ文字及近易ナル普通文ノ読ミ方、書キ方、綴リ方、話シ方	通常ノ加減乗除	遊戯 普通体操	簡易ナル形体	平易ナル単音唱歌	運針法 通常ノ衣類ノ縫ヒ方	簡易ナル細工	
毎週教授時数	二	一五	六	四					二七
第四学年	道徳ノ要旨	日常須知ノ文字及近易ナル普通文ノ読ミ方、書キ方、綴リ方、話シ方	通常ノ加減乗除及小数ノ呼ビ方、書キ方及加減 （珠算　加減）	遊戯 普通体操	簡易ナル形体	平易ナル単音唱歌	通常ノ衣類ノ縫ヒ方、繕ヒ方	簡易ナル細工	

（　）及図画以下手工マデノ各欄ハ朱書トス

（『明治以降教育制度発達史』第4巻）

このように小学校では、子どもは皆、国家によって定められた教科内容を、地域性や階層性にかかわりなく学んでいったが、学校は単に国民としての共通の知を教えただけではなかった。国家意識、国民意識を形成し、その定着を図るのも、学校教育の役割であった。そしてこのことを明確に自覚していたのが、初代の文部大臣であった森有礼《ありのり》である。

国家意識の形成

彼は国家意識の形成という点からみて注目すべき施策を二つ行っている。その一つは、明治二一（一八八八）年に学校としてははじめて、工科大学講堂において紀元節《きげんせつ》（神話上、初代の天皇とされる神武《じんむ》天皇が即位したといわれる日、二月一一日）の儀式を行い、紀元節と天長節《てんちょうせつ》（天皇誕生日、明治時代は一一月三日）に、学校において祝賀儀式を挙行する動きを作りあげたことである。また明治二一年には天長節歌、紀元節歌も学校唱歌として採用されている（佐藤秀夫「学校行事の成立史」）。ちなみに、天長節は明治元（一八六八）年、神武天皇即位日は明治五（一八七二）年に制定され（紀元節と称されるようになったのは翌年）、これらは明治六（一八七三）年に国家の祝祭日と定められていた。しかし一般の国民にとっては、これらの日はなじみのない単なる休日にすぎなかった。それが、やがてこの日に学校において祝賀の儀式が催されるようになっていく。

第二には、天皇と臣民との接近を図り、国家意識を植えつけていくための手段として、「御真影《ごしんえい》」（天皇と皇后の肖像写真）が学校に「下賜《かし》」されたことである。これは明治七（一八七四）年から上級学校優先ではじめられ、小学校へは明治二一年から実施された。ただしその際、学校が地方官を介して願い出、「優等」と判断された場合にのみ「下賜」されるというやり方がとられている。「下賜」されなかった学校には「複写御真影」が存在したが、それでも明治末年においてすべての小学校が、「御真影」や「複写御真影」を有しているというわけではなかった（小林輝行「学校への『御真影』の浸透過程」）。

教育勅語と学校儀式

このように、明治二〇年代に入ると国家意識の形成、国民統合の場としての学校という位置づけが明確に自覚されていったことがわかる。そして明治二三（一八九〇）年一〇月三〇日には、天皇制国家の思想・教育の支柱となった「教育ニ関スル勅語《ちょくご》」（以下、教育勅語と略す）が発布された。教育勅語は難解な用語のために、一般にはこの文章の意味を理解するのは困難だったと思われるが、修身の授業では教育勅語の注釈が行われ、時代が下がるにつれて、教育勅語についての教育が重視されていった。

教育勅語の発布をうけて、明治二四（一八九一）年には小学校祝日大祭日儀式規程が制定され、祝祭日における学校儀式の基本型が成立した（明治二五年から実施）。祝祭日は、三大節、八祭日からなっており、前者は、新年、紀元節、天長節、後者は、元始祭《げんしさい》、新年宴会、神武天皇祭、神嘗祭《かんなめさい》、新嘗祭《にいなめさい》、先帝祭《せんていさい》、春季皇霊祭《しゅんきこうれいさい》、秋季皇霊祭である。なお、昭和二（一九二七）年には明治節が制定され、四大節となった。

この規程によって、紀元節や天長節などにおける学校儀式は、「御真影」拝礼、万歳奉祝、教育勅語奉読、校長訓話、式歌斉唱、の順に進められることになり、儀式施行の手順の画一化が進んでいくことになる。とりわけ、教育勅語奉読の場面における、息詰まるような沈黙、教員の謹厳さに満ちた挙動、呪文のような朗読は、後々まで語り継がれており、子どもはその独特の雰囲気の下で、知らず知らずのうちに、忠君愛国の精神を身につけるように導かれていった。しかもこれらの学校儀式には、教員や児童だけでなく、市町村長、学事関係吏員、児童の父母、地域住民の参加も予定されている。教育勅語や「御真影」を中心にすえた学校儀式を通して、子どものみならず、父母や村の人々にも天皇制の浸透が図られたといえるだろう。

とはいっても、当初、親たちは学校儀式に理解を示さず、儀式への出席者は五分の一程度であったという（佐藤秀夫「学校行事の成立史」）。なぜなら、「官員様たちの祝祭日」という言葉があるように、祝祭日は国民一般にとってはなじみのない日であり、村の祭礼や五節句（一月七日、三月三日、五月五日、七月七日、九月九日）こそが、一般には祝うべき日だったからである。そのため、学校側は参加者へ茶菓・記念品を配布したり、儀式後に運動会や遠足などを開催することで、出席者を増加させようとする政策をとっている。また明治二六（一八九三）年には儀式の実施は三大節に限定された。やがて日清・日露の二つの戦争を契機とするナショナリズムの浸透を背景に、祝祭日や祝祭日の儀式は定着していくことになるが、それは、小学校が国民統合の拠点として確固たる地位を築いたことを意味していたといえるだろう。

二つの教育

このように、国家の教育としての義務教育制度は、江戸時代の教育のあり方とは断絶した、異質なものとして登場し、学校をとりまく家族や村と妥協しながら定着していった。そしてこのことは、子どもが学校教育を受けるということだけではなく、子どもを通して、家族や村へ新しい価値の伝達が図られていくことも意味していた。

たとえば、先に述べた三大節における学校儀式の挙行によって、人々は国家の祝祭日の存在を知り、ナショナリズムの意識を身につけていく。あるいは、自分たちの生活リズムとは異なった、太陽暦・七曜制・時間割にのっとった学校の時間の存在を知り、近代的な生活規律というものの一端を垣間見る。また公開された試験を通して業績主義的原理を肌で感じ、試験終了後に行われる理化学の実験や模範授業に参加することで近代知の啓蒙を受ける、といった具合である。

しかしながら、いくら義務教育が定着し、学校から家族や村に向けて学校的価値の伝達が図られたとしても、家族や村が学校的価値に染まったわけではない。たとえば民俗学者の宮本常一は、『日本の子供たち』において次のように述べている。

子供たちの教育には、ふたつの道があった。ひとつはその親たちが、生活手段を身につけさせるための教育であり、もうひとつは学校教育であった。……学校へゆくことはよそへゆくような気持ちだった。家と学校との言葉づかいはすっかりちがっていた。……親たちも学校のことには口だししないのがあたりまえだとされたのである。多くの場合、学校教育は村の生活を野卑《やひ》なものわるいものとして指導している。……子供たちにとって一番不幸だったのは、学校で表彰せられる子と、村でほめられる子が一致しなかったことである。つまり標準がふたつあった。

柳田国男も、昭和一二（一九三七）年に行った「平凡と非凡」と題した講演において、平凡を好む伝統的な教育と非凡を求める学校教育とを対比的に論じ、二つの教育が並存していることを指摘している。昭和一〇年代というのは、義務教育が完全に定着するとともに、義務教育終了後、中等教育機関に進学するものはまだ少数派であったものの、高等小学校や青年学校に進学することはまったく珍しくなくなっており、しかも男子に対して青年学校が義務化した時期である。この時期に、このような発言が行われていることは、「平凡の教育」がいかに根強いものであったかを教えてくれる。

つまり、江戸時代以来の、親による日常生活を通した経験知の伝達という子どもの教育は、義務教育が普及しても、学校教育に取って代わられたわけではなく、生き続けていたのである。子どもは学校には通っていたが、登校前、あるいは下校後、相変わらず野良仕事に精を出し、水くみや掃除、子守などの家事労働を行っていた。学校と家族、この二つの場で、異なる教育原理の棲み分けが行われていたといえるだろう。

また、天野郁夫は『学歴の社会史』において、農民や商人の子ども、すなわち家業のある家に生まれた子どもにとって、義務教育以上の教育を受けることがいかに困難なことであったのか、喜田貞吉、本多静六、鳥居竜蔵、牧野富太郎の事例をあげながら論じている。同じく天野の手になる『試験の社会史』には、士族と異なり、家業や家産がある者たちが義務教育以上の教育を受ける場合には、彼らは「教育」や「教養」を求めても、「学歴」や「職業資格」は不必要だったことが指摘されている。なぜなら、学歴は専門的職業につくためには必要であったが、家業や家産がある者たちには不要だったからである。富農や富商と呼ばれる裕福な人々は、その社会的地位にみあった教養は必要でも、社会的上昇移動を達成したり、現在の社会的地位を保つための学歴は必ずしも必要なかった。

つまり、二つの教育があり、学校が生み出した価値観とは別の原理の下で生きていくことが可能なものにとっては、学校が提示する価値観の世界に入っていくことは困難であったし、また入ったとしても、その価値観を全面的に受け入れる必要がなかったということであろう。それが可能だったのは、いうまでもなく、家業があり、親から子へといった知の伝達によってそれを継承することができたからであった。そして蛇足ながら付け加えておけば、これはもちろん男子にのみあてはまることである。女子は男子に比べれば、学校教育を通して教養や学歴を身につける機会を制度的に制限されていたし、身につけることを求められてもいなかった。

ただ男子であっても、家業をもち、従来と変わりない家族生活を営むことができる者たちばかりがいたわけではない。この章の最初の節で述べたように、家族をとりまく社会構造は変化しつつあった。この変化にのっとって、学校教育の価値観を受け入れ、それに沿った家庭教育のあり方を模索する議論がくり広げられていくことになる。それはいったいどのようなものであったのか、次章で家庭教育論を検討しながら、考えていくことにしたい。

家庭教育と学校教育

女子教育論における母の発見

明治初期の女子教育論

先に、学制発布に先立って文部省が出した「学制実施細目につき太政官指令」において、賢母養成の観点から女子教育の必要性が語られていたと指摘しておいた。しかしこのような主張は、何も「学制実施細目につき太政官指令」においてのみみられたわけではなく、学制発布と前後する時期に発表された女子教育論に共通するものであった。この時期の女子教育論を思いつくままにあげてみれば、次のようなものがある。開拓使女学校設立に関する上奏文（明治四年）、アメリカ人で文部省学監であったD・モルレーの「申報《しんぽう》」（明治六年）、土居光華《こうか》『近世女大学』（明治七年）、『明六雑誌《めいろくざつし》』に掲載された、箕作秋坪《みつくりしゅうへい》「教育談」（明治七年五月）・森有礼《ありのり》「妻妾論《さいしょうろん》ノ四」（同年一一月）・中村正直「善良ナル母ヲ造ル説」（明治八年三月）、土居光華『文明論女大学』（明治九年）など。これらはいずれも、家で子どもを育て、教育する母という観点から女性をとらえ、賢い母となるために女子教育が必要だと主張する点において共通していた。

このような主張は、現代人にとっては違和感のないものであるが、江戸時代における子どもの教育のありようを検討してきた目からすれば、奇妙なことのように思える。なぜなら、江戸時代において、「いえ」の跡継ぎである子どもの教育は、男性家長の責任であると考えられており、もっとも意識的な教育が行われていた武士の男子に対する教育を担っていたのは、おもに父親だったからである。他方で、江戸時代に多数出版されていた女訓《じょくん》書《しょ》においては、あるべき妻や嫁の姿が語られても、母としての役割に言及した徳目は存在していなかった。それに女子に対する教育が、将来の母役割を念頭においてなされているわけでもなかった。

それが、まるで手のひらを返したかのように、明治初期になると教育する母への関心が高まってきている。女子教育観が大きく歴史的に転回したといえるだろうが、これが欧米の女子教育観から影響を受けた結果であることは想像にかたくない。なぜなら、一九世紀後半の欧米社会では、近代的な性別分業にもとづく家族が成立しており、その家族観を背景としながら、母親の教育役割が強調されていたからである。その言説が欧米文明の摂取に多大のエネルギーをさいていた当時の日本に、当然入ってきたと考えられる。

森有礼「妻妾論ノ四」

森有礼は啓蒙期の代表的な開明派知識人であるが、彼もまた、母役割の重要性に着目し、女子教育の必要性を説いた一人である。彼は、『明六雑誌』の第八号（明治七年五月）から第二七号（明治八年二月）にかけて、五回にわたって「妻妾論」を発表している。そこで提出された一夫一婦論、夫婦同等論（彼自身は同等論だと主張しているが、当時は同権論として議論の的になっていた）、婚姻律案は、社会的に大きな反響を呼び、さまざまな議論が展開されていった。

ここで取り上げたいのは、第二〇号（明治七年一一月）に掲載された「妻妾論ノ四」であるが、彼の場合興味深いのは、母の愛情を子どもの教育と結びつけてとらえていたことである。彼は、次のように主張していた。「女子ハ素《も》ト情ニ富ミ、愛淵深キ者ナリ、然《しか》ルニ少時学バズ、既ニ母ト成リ子ヲ育スルニ方《あた》リテ、其愛力ヲ利用スルノ法ヲ知ラズ、屡《しばしば》子ヲ其淵ニ溺ラス者アリ。故ニ女子ハ先ヅ学術物理ノ大体ヲ得、其智界ヲ大ニシテ、能《よ》ク其愛財ノ用法ヲ通知セザル可《べか》ラズ」。

すでに述べたように、江戸時代の女訓書は、母の愛情を「愛に溺れて習はせ悪しし」と否定的にとらえていた。しかし森によれば、女性はもともと愛情に富んだ存在であるが、教育を受けていないがために「愛力ヲ利用スルノ法」がわからなかった、したがって教育を受ければ、「愛財ノ用法」を学ぶことができるということになる。女性に教育を与えることによって、もともと有している愛情の豊かさを子どもの教育に活かすことができるようになり、母親としての役割を十分に遂行することができると彼が考えていたことがわかる。

女子教育論の文脈における母役割への言及であるから、森が家族における子どもの教育を母固有の役割と考えていたのか、それとも父母の役割としたうえで、母の問題に言及したのかはっきりしない。が、いずれにせよ、彼が教育を受けた母は子どもの教育を行うにふさわしい人間であると考えていたといえるだろう。

中村正直「善良ナル母ヲ造ル説」

しかしながら、なぜこのような子どもを教育する母としての役割が強調されねばならなかったのだろうか。それは簡単に言ってしまえば、次代を担う国民の養成、それも大量の「質のよい」国民養成が女たちに期待されたからにほかならなかった。そしてこの視点をはっきりと提示しているのが、中村正直が発表した「善良ナル母ヲ造ル説」である。彼は自ら同人社《どうじんしゃ》女学校を設立し、後には東京女子師範学校の摂理《せつり》（校長）に就任するなど、女子教育の実践家でもあったが、次のように述べ、母役割を国家的視点から明確に位置づけている。

子ノ精神心術ノ善悪ハ大抵ソノ母ニ似ルモノナリ。……人民ヲシテ善キ情態風俗ニ変ジ、開明ノ域ニ進マシメンニハ、善キ母ヲ得ザルベカラズ。絶好ノ母ヲ得レバ絶好ノ子ヲ得ベク、後来吾輩ノ雲仍《うんじょう》（子孫のこと―引用者）ニ至ラバ、日本ハ結好ノ国トナルベク、修身敬神ノ教モ受クル人民トナルベク、技芸学術ノ教モ受クル人民トナルベク、智識上進、心術善良、品行高尚ナル人民トナルベシ。吾輩ハ先天ノ教育ノ滋養足ラズ、中年碌々《ろくろく》志業成リ難ク、窮廬《きゅうろ》ニ悲歎シ、欧米ノ開明ヲ羨ヤムノミ。何トゾ吾輩ノ雲仍ハ、善キ母ノ教養ヲ受サセ度《たく》、深望ノ至《いたり》ニ堪《たえ》ヌナリ。扨《さて》善キ母ヲ造ランニハ、女子ヲ教ルニ如《し》カズ。

ここではまず、子どもは母親に似るという観点から子どもの教育における母の重要性が指摘され、父ではなく母こそが重視されていることがわかる。また欧米への羨望が吐露され、日本も欧米なみの文明国家になりたいという心情があふれているが、そのための手段として「善キ母」が求められていた。つまり、彼の頭の中では、「絶好ノ母」→「絶好ノ子」→「結好ノ国」と、いかにも楽観的に、かつ必然性をもって、結びつけられていたことがわかる。

当時の政府高官や啓蒙知識人にとって最大の課題は、日本の独立維持、近代国家の建設、近代的国民の形成であったが、中村正直は、女子教育の振興も、このような国家的課題と密接に結びつけてとらえていたといえるだろう。そしてこういう考え方は、なにも中村に特有なわけではなく、啓蒙期の女子教育論に多かれ少なかれ共通に見られるものであった。女子教育論の文脈で語られる母による子どもの教育は、近代国家の形成に結びついており、けっして「家」のためのものではなかったのである。

母による教育の意味

これはなんという変わりようであろうか。子どもの教育が「家」の子どもや村の子どもという観点からではなく、国家の子どもという視点からとらえられていること、教育が共同体の存在を抜きにした、家族と国家という枠組みでとらえられていること、家族での教育の担い手として、母親が重視されていること、この三点において、女子教育論における母の発見は目新しいものであった。しかも注意すべきは、この主張が登場したこの時期は、国家の手によってまさに学校教育が開始されていった時期でもあったことである。

つまり非常に単純化していえば、一方では国家の子どもという視点が導入され、近代的な学校教育制度が開始されることによって、教育という営みにおける学校教育の比重が増していき、他方では、言説上でのことであるが、家族における教育の担い手が父親から母親へと転換していく、という状況がおこっていたのである。たとえ少数の言説であったとしても、教育する母の発見は、家族は国家の基礎であり、その家族内のことを責任をもって担当していくのは女性である、という認識枠組みへの変化を示しているといえるだろう。

ということは、このことは、少なくとも言説の上で、家族が変化しつつあることを示唆しているのではないだろうか。なぜなら、そもそも、父が子どもの教育に熱心にとりくんだのは、子どもに家業を継承させなければならなかったからである。それが、母へ転換していくということは、その必要性が弱まりつつあることを意味している。近代化とともに官公吏や教員などの近代的職業に従事する者たちが少しずつ生まれはじめていくが、このような家族にあっては、もはや家業の継承を目的とした子どもの教育が意味をなさなくなっていることは、容易に想像できる。その結果、家における子どもの教育から父が撤退していく一方で、教育という営みにおける学校教育の重要性が高まっていくことになる。つまり、母による子どもの教育が語られていく背景には、このような家族の変化が想定されているように思えるのである。

『女学雑誌』における家庭の登場

もちろん、森有礼や中村正直は、賢母養成の観点から女子教育振興の必要性を説いたにすぎず、家族の変化の問題にまでは言及していなかった。しかしそれから十数年後、『女学雑誌』は、家庭という新しい家族のあり方と、その家庭における女性の役割、母の役割、さらには女子教育とをともに論じていくことになる。

図3　『女学雑誌』第一号（東京大学法学部付属明治新聞雑誌書庫蔵）

ちなみに、『女学雑誌』とは、明治一八（一八八五）年七月二〇日より明治三七（一九〇四）年二月一五日まで発行された、女性のための啓蒙雑誌である。発行人は当初は巌本善《いわもとよし》治《はる》と近藤賢三であったが、第二四号より巌本が編集し、その主張の清新さによって、多くの読者を獲得していった。『女学雑誌』には、当時社会的関心をひきつつあった婦人改良論に即して、女子教育論、一夫一婦論、家庭論、廃娼論といった評論が多く掲載されていたが、それだけではなく、家政記事や文芸記事なども多数掲載されている。

　ところで、これまで本書では家庭、あるいは家庭教育という言葉を極力使ってこなかったことに読者は気づかれただろうか。というのは、家庭という言葉は、漢語として古くからあったものの、ほとんど使用されておらず、明治前半期の人々にとってなじみのない言葉だったからである。しかし明治二〇年代に入ると、『女学雑誌』では家庭（ホーム）という言葉が、従来の家族のあり方とは異なる新しい家族を示すものとして頻繁に使われはじめ、やがてそれは社会に流布していくことになる。ただ家庭という言葉の普及が、即、家庭と呼ばれる家族の成立を意味していたわけではない。あくまでも論じられる対象としての家庭の登場であった。

家庭の特徴

　では、その家庭とはどのような家族として語られていただろうか。まず第一に指摘できることは、家庭とは、子どもの教育に積極的な関心を示す家族であり、家庭にあって子どもは、大人とは異なる特別な存在として位置づけられていたことである。『女学雑誌』では、子どもは無垢《むく》で無邪気《むじゃき》な愛すべき存在であり、肉体的・身体的な世話にとどまらず、知的・心理的発達にも留意せねばならないこと、子どものための歌や絵本、子ども服や子ども部屋が必要なことが繰り返し説かれていた（沢山美果子

「近代的母親像の形成についての一考察」）。家族内における子どもの位置は明らかに変化してきている。家庭にあって子どもは、もはや家内労働力としてとらえられることはなく、愛護され、教育される存在、細やかな愛情を注がれ、ひとりひとりに注意や関心が払われるべき存在となっていた。

このような愛すべき者としての子どもへの関心が存在していることが、従来の家族とは異なる家庭の一つの特徴であったが、もう一つの特徴は、家庭には「男は仕事、女は家事・育児」という、近代的な性別役割分業が想定されていたことである。女性は家業などの家内労働にいそしむのではなく、家事・育児をもっぱら担当するものとされた。『女学雑誌』に見られる主婦像の特徴について、岩堀容子は次のように述べている。「（巖本の「ホーム」論は―引用者）中上層階級の奥方にとって必ずしも必要なことでなかった料理、家計管理、育児、などの具体的な仕事をはっきりと妻の役割と固定し、その責任の大きさを評価するとともに、合理的な実践方法を模索している。……科学的な知識や高い教養が「家政」という名の総合的家庭管理へと結び付けられ、さらに家族の健康管理や精神衛生までもが、近代的な妻の役割として要求されている」（岩堀容子「明治中期欧化主義思想にみる主婦理想像の形成」）。

このように、近代的な性別役割分業が貫徹し、女性が家庭内役割を遂行する家族こそが、家庭であった。その家庭内役割とは、家長による家政管理権の下での女性の家事労働ではなく、女性自身の裁量下で行われるものであり、女性の家庭内における自律性がめざされていた。そういう意味では、家庭論で語られる妻や母の姿は、伝統的な妻や母の姿とはかなり隔たっており、女性はまさに家庭にあって、家事・育児に専念し、熱心に子育てや子どもの教育に携わっていくことになる。

しかも家庭論においては、「一家団欒《だんらん》」「家庭の和楽」が追求すべき価値とされ、家族成員の心的交流に高い価値が付与されていた。そしてその家族成員には、非血縁者である奉公人は排除されており、家族成員とそうでないものとの区分が明確化してきている（山本敏子「日本における〈近代家族〉の誕生」）。家族成員間には特別な関係性が存在するとされ、そこでは愛や親密さといった情緒的結合が求められていた。

わたしたちが家庭という言葉を聞いて思い描くイメージ、つまり、プライベートな空間や時間、子どもを育み、情愛や安らぎに満ちた情緒性あふれる空間、そして女性がおもに責任をもつべき領域、このような家庭に対するイメージは超歴史的に存在しているものではなく、このころから家庭論として語られはじめたものであった。

とするならば、家庭における子どもの教育は、当然、母が責任をもって行うべきものとなる。巌本の女性論というと良妻論の色彩が濃いが、もちろん彼は家庭において子どもを育て、教育する母の重要性にも言及しており、次のように愛育の必要性を強調していた。

母への期待

子供の教育は専《もっぱ》ら母親の心得に関はることなるを以《もっ》て、母たるものはよくよく心掛けて、教育を軽ろ軽ろしくせず、勉《つと》めて之《これ》を教ゆるの道を学び置かざる可らず……愛育なる者を施さざれば、到底十分の教育は為し得まじき也、愛育とは子供を非常に愛して愛しいつくしむの間に、之を教へ導くの工夫を為すことなり。（社説「母親の心得。愛育と云ふ事」『女学雑誌』明治一九年二月五日）

このように、彼にとって子どもとは愛されるべき存在であり、母自らが子どもを愛し、慈しみ、育てていくことがもっとも重要なことであった。それゆえ彼は、乳母や子守に子どもを任せていることを強く批判してもいる。

たとえば、乳母を雇い入れる際に、その性質や血統を吟味しない結果、「不知《ふち》不識《ふしき》の間に、一々子供の性質を感化し、邪欲、気随《きずい》、狡猾《こうかつ》、懶惰《らんだ》、等の悪習次第に子供の体内に吹入りて遂に全く之を乳母同様の人」（社説「乳母の良否」同、明治二〇年三月五日）にしてしまうという。また子守のことを、「多くは貧家の子にして、大抵教育なく、目に一丁字《いっていじ》をだも知らざるは勿論《もちろん》、恰《あた》かも女か男かと疑ふ程の乱暴者多きを常とするなり」（社説「子守女の論」同、明治二〇年三月二六日）と非難していた。巌本がとにかく、母による子育てを重視しており、彼には乳母や子守がこのような「問題」を抱えているように見えていたことがわかる。

しかし彼は、母の愛情さえあれば、それで十分だと考えていたわけでもなかった。彼によれば、愛はいずれの母親にも備わっているものであったが、それだけでなく、「此愛を当然に現はすべき其智慧《ちえ》」（社説「滔々たる世上の母」同、明治二五年六月一一日）が必要なのである。そのためには、母親は生理学、心理学、教育学などを学ぶべきであり、裁縫や料理の術を身につけるよりも、これらの学問が必要であった。子どもの養育・教育は、このような学問に裏付けられた、教養あふれる母親によってなされるべきことだったのである。

以上、家の中で子どもの教育を担うのはだれか、という観点から、『明六雑誌』と『女学雑誌』に掲載された論考を検討してきた。そこから明らかになったことは、三点ある。一つは、家での教育の担い手が母へと転換していること。別の言い方をすれば、わたしたちにとって当たり前の、教育する母という考え方は、歴史を超えて普遍的に存在しているわけではなかったということである。二つには、教育の担い手を母とする考え方の背景には、家族のあり方そのものの変化が想定されていること。つまり、近代的な性別役割分業を行う家庭という家族を想定したうえで、教育する母が登場してきているということである。三つには、このような家族にあって子どもは、「家」の跡継ぎ、村の子どもとしてとらえられることはなく、子どもの教育は国家と家族という枠組みで考えられていたことである。

もちろんここで検討してきたことは、言説レベルの問題であり、現実に生じた変化ではない。しかし、子どもや家族、教育をとらえる認識枠組みが、女子教育論における母の発見によって、変化しつつあったといえるだろう。

明治前半期の家庭教育論

親による教育

このように、女子教育論を通して家での教育の担い手として母が登場してきたが、その一方で、家庭教育とは何か、いかにあるべきかも、少しずつ論じられていった。ただ家庭教育論の本格的な登場は、明治二〇年代後半、とりわけ三〇年代まで待たねばならず、明治二〇年代前半までは断片的な議論にとどまっている。しかしそこには、明治三〇年代以降には見られない、家庭教育論の初発の時期であるがゆえの興味深い論点も提出されているので、ここで検討しておきたい。

まずとりあげたいのは、箕作《みつくり》秋坪《しゅうへい》が『明六雑誌』第八号（明治七年五月）に掲載した「教育談」である。箕作秋坪とは、幕末から明治一〇年代にかけて活躍した洋学者であるが、この「教育談」は、家族における子どもの教育を論じたさきがけともいえるものである。

箕作は幼い子どもを「白玉」のような純粋無垢な存在としてとらえており、だからこそその教育は非常に重要なものであると考えていた。そのうえで、彼は、「小児ヲ教育スル、自家ヲ以テ最良ノ学校トシ、父母ヲ以テ第一ノ師ト為スベシ」と述べている。彼にとって最良の教育とは、家において父母が行うものだったことがわかる。

なぜなら彼によれば、家での教育には父の「厳」と母の「慈」とが揃っており、それは家の外の「擾乱《じょうらん》誘惑ノ害」から子どもを守るものだったからである。家での教育こそが何ものにも優るという考え方は、その後、あまり提出されない論点であるが、学校教育制度が成立してまもなくであり、まだ定着していない時期だからこそ、主張されたことだと思われる。

しかし他方で、子どもの教育をおもに家で行うとなると、それがかなり困難であることも彼は自覚していた。というのは、一つには、そもそも子どもを十分に教えることができる親はまれであり、それは「中人以上家道稍《かどうやや》豊富ナル者」（暮らし向きが豊かな階層）に限られていたからである。二つには、親に子どもを教える力があったとしても、仕事に忙しく、その時間的余裕がないからである。

結局、彼は親による教育を最良のものとしつつも、その実現は難しいと考えていたことになり、結果的には、子どもの教育を他者に託すことはやむをえないとした。しかし彼は、このことをあくまでも致し方のないこととしてとらえるべきであると考え、親に対して子どもを教育するのは自らの本分であるという自覚をもつことを求めている。

家族か学校か

箕作と同様に、家族と学校とを対比させながら子どもの教育について論じた論考が、『家庭叢談《そうだん》』にもいくつか掲載されている。『家庭叢談』というのはなじみのない名前かもしれないが、明治九（一八七六）年九月から翌年三月にかけて、慶応義塾出版社から毎月一〇回発行された雑誌である。編集は箕浦勝人《みのうらかつんど》が行い、福沢諭吉や慶応義塾社中の人々が執筆している。

明治九年ころに家庭という言葉が使われているのは極めて異例であるが、先にふれた新しい家族のあり方としての家庭という意味ではなく、ここでは「家の内」という意味で用いられている。また家庭教育という言葉も、学校教育に対比させた、「家での教育」という意味で使われており、巌本が主張したような、家庭において母が行う教育を意味しているわけではなかった。なお、この節で取り上げていく他の論考の家庭教育という言葉の使い方も、『家庭叢談』と同様である。

『家庭叢談』には、家庭教育に言及した論考として、「教育ノ事」（明治九年九月一九日）、「家庭習慣ノ教ヘヲ論ズ」（明治九年一〇月八日）、「人ノ言行ハ情欲ニ制セラルルコトヲ解ス」（明治九年一〇月二〇日）、「今日ノ学校教師ハ其責殊《こと》ニ多キヲ論ズ」（明治九年一一月一九日）などが掲載されている。執筆者の署名がないので、誰が書いたものかははっきりしないが、これらの論考の主張は一貫していた。

なかでも興味深いのは「教育ノ事」という論考であるが、これは教育を「一人ノ教育」と「一国ノ教育」とにわけ、そのうえで「一人ノ教育」に関して次のように述べていた。

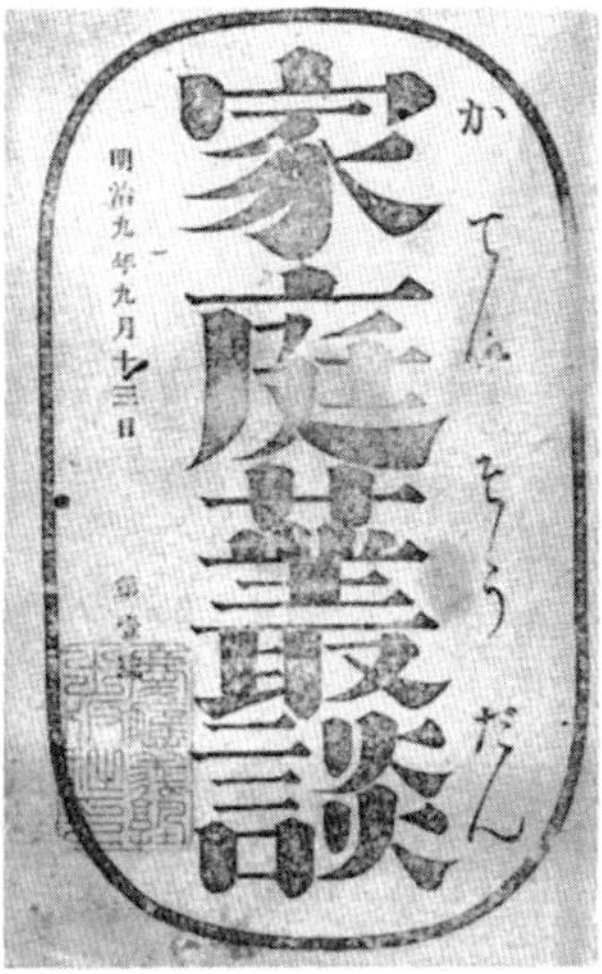

図4　『家庭叢談』第一号
（東京大学法学部付属明治新聞雑誌書庫蔵）

「一家ハ習慣ノ学校ナリ、父母ハ習慣ノ教師ナリ、而《しか》シテ此習慣ノ学校ハ教授ノ学校ヨリモ更ニ有力ニシテ、実効ヲ奏スルコト極《きわめ》テ切実ナルモノナリ」。

ここから読みとれることは二つある。

一つは、「習慣ノ学校」と「教授ノ学校」という表現で、家での教育と学校での教育とを対比的にとらえていることである。もう一つは、このような家での教育と学校での教育の違いを認めつつも、「習慣ノ学校」の方を「教授ノ学校」に比べて優位に置いていることである。

家での教育と学校での教育との関係性をこのようにおさえたうえで、この論考はさらに次のように述べていた。「知ラズヤ、習慣ノ力ハ教授ノ力ヨリモ大ナルヲ、知ラズヤ、子供ハ家ニ在《あり》テ早ク其習慣ヲ成スモノナルヲ、知ラズヤ、父母ノ教ハ学校教師ノ教ヨリモ深《(ママ)》切ナルヲ、余輩断ジテ云《い》ハン、家ニ財アリ父母ニ才学アラバ、十歳前後ノ子ヲ、今ノ学校ニ入ル可《べか》ラズ、又コレヲ他人ニ託ス可ラズ、仮令《たと》ヒ或ハ学校ニ入レ他人ニ託スルモ、全ク之ヲ放テ、父母教育ノ関係ヲ絶ツ可ラズト」。つまり、「習慣ノ力」や「父母ノ教」の方が、「教授ノ力」や「学校教師ノ教」よりも子どもへの影響が大きく、それゆえに、親に財産や才学があれば、子どもの教育を学校や他人に託すべきではなく、たとえ託さざるをえなくとも、父母は子どもの教育に十分に関心をもつべきだというのである。

箕作は単に父母による教育を最良とするにすぎなかったが、「教育ノ事」は、学校教育との対比において親による教育の優位を主張していたことがわかる。ただここでも、箕作と同様、親による教育が現実にはまったく不十分であることが指摘されていた。というのは、「鬼父蛇母」としか言えないような多くの父母がおり、家族といっても、「主人ハ客ノ如《ごと》ク、家ハ旅宿ノ如ク、嘗《かつ》テ家族団欒ノ楽《たのしみ》ヲ共ニシタルコトナシ」(「教育ノ事」)という状態だったからである。このような家族では子どもの教育は期待できないという。

箕作と同様、ここでも、親による教育に対する理想と現実のズレが自覚されていたことになる。そして『家庭叢談』は、結局のところ、学校の教師への期待感を次のように表明するのである。「今日ノ父兄タル者ハ、大抵皆家庭ノ教育ヲ惰《おこた》リ、自己引受ケノ部分ヲ尽サザルモノナリ、故ニ其子弟ヲシテ十分ノ人間ニ仕立上ゲンガ為ニハ、別ニ之ヲ引受ルノ人ナキ能《あた》ハズ、其之ヲ引受ク可《べ》キモノハ、学校教師ニ非《あら》ズシテ誰ゾヤ」(「今日ノ学校教師ハ其責殊ニ多キヲ論ズ」)。

すなわち『家庭叢談』は、子どもの教育における父母の優位性を認めつつ、その現状があまりに不十分であるという認識の下で、学校が子どもの教育を引き受けざるをえないと考えていたことがわかる。そういう意味では、実際の子どもの教育の中心的な担い手は、父母なのか学校なのか、考えが揺れていたといえるだろう。ただこのような考えの揺れは、明治二〇年代後半からの家庭教育論と比べてみると興味深いものである。なぜなら、次節で詳しく述べるが、明治二〇年代後半には、このような問い自体が存在せず、学校教育を教育の中心にすえて、それに協力することが家庭教育の役割であると、当然のように論じられているからである。したがって、家庭教育と学校教育をめぐる、このような『家庭叢談』の逡巡は、学校教育草創期の家庭教育論の特徴を示しているように思える。

これに対して、学校教育の立場から家庭教育を意味づける見方も存在していた。それを明確に打ち出したのが、『文部省示諭《じゆ》』であり、『教育報知』という教育雑誌に掲載された家庭教育論であった。

学校教育の代替としての家庭教育

文部省内で家庭教育のことが本格的に論議されはじめたのは、改正教育令下であり、明治一五（一八八二）年の『文部省示諭』において、文部省ははじめて「家庭教育」の定義を行っている。『文部省示諭』とは、文部省が明治一五年一一月二一日から一二月一五日まで、各府県の学務課長および府県立学校長を招集して開催した学事諮問会において配布された文書であり、そこには、府県の担当すべき教育諸般の事項に関する文部省の基本方針が述べられていた。

この中に「家庭教育」という一項があるのだが、そこで語られている家庭教育の意味内容は、今日の家庭教育に対する理解とは遠く隔たったものである。すなわち、『文部省示諭』による家庭教育の定義とは、次のようなものであった。「学齢児童ヲ学校ニ入レズ、又巡回授業ニ依ラズシテ、別ニ普通教育ヲ授クルモノヲ総称シテ家庭教育ト云フ、是レ則《すなわ》チ学校教育ニ対スルノ称ニシテ、必シモ一家団欒《だんらん》ノ間ニ行フ所ノ教育ヲ指スニ限ラザルナリ」。学校教育や巡回授業を受けさせることなく、家においてそれらの代替の教育を行うことが、家庭教育であるというのである。そしてその内容は次のように述べられていた。

一家庭教育ハ、家族其婢僕《ひぼく》及親戚ノ児童、又ハ三戸ニ過ギザル家族ノ児童ヲ教授スルニ止マルベシ

一家庭教育ノ学科及程度ハ、其府県ノ小学校教則ニ従フベシ……修身読書習字算術地理本邦歴史ノ六科ヲ欠クコトヲ得ズ

……

一家庭教育ヲ受クル児童ハ、小学初等科三箇年ノ課程ハ、府県ニ於テ定ムル所ノ試験法ニ依リ、其町村ノ小学校ニ於テ生徒ト均《ひと》シク試験ヲ受ケシムベク、其他ハ各児童ノ学習セシ学科ニ就《つ》キ試験スベシ

一試験合格ノモノニハ相当ノ卒業証書ヲ与フベシ

一試験不合格連続二度ニ及ブモノハ、小学校ニ入学セシムベシ

一家庭教育ノ授業者タルコトヲ得ルモノハ、品行端正、年齢一八年以上ニシテ、相当

ノ学力アリ、略々《ほぼ》授業ノ法ヲ知リタルモノニ限ルベシ

小学校教則に準拠した教育を家で行い、試験に合格すれば卒業とするなど、完全に学校教育の代替として、家庭教育が位置づけられていたことがわかる。このような家庭教育観は、『文部省示諭』にのみ示された、かなり特殊な考え方であった。文部省ははじめて家庭教育を定義づけるにあたって、いったいなぜこのような見解を示したのだろうか。

山本敏子は、その理由を就学率の向上という観点から考察している（山本敏子「明治期における家庭教育意識の展開」）。すなわち、当時の文部省にとって最大の課題は小学校就学率の向上であったが、学校がまだ未整備な状況の下で、就学率をあげるためにやむをえず許されたのが、学校の代わりとしての家庭教育だったというのである。

わたしはこれだけではなく、確言できないが、試験制度の存在もこのような家庭教育観を生み出した一因ではなかったかと思う。すでに述べたように、明治前半期の小学校には厳格な試験制度が存在しており、試験の合否でもって進級や卒業が決まっていく仕組みであった。ということは、試験に合格する学力が身についているか否かが重視され、どういう形で学んだか、つまり学校か家かということは、さほど重視されていなかったということではないだろうか。就学率の向上という課題があり、試験制度が存在していたこの時代

なればこそ、このような家庭教育観が登場してきたといえそうである。

学校教育の優位性

このように文部省は、家庭教育を学校教育の代替として認めてはいたが、家庭教育よりも学校教育の方がより「正統的な」教育のあり方だと考えていた。それは、先に引用した条項の中に、「試験不合格連続二度ニ及ブモノハ、小学校ニ入学セシムベシ」という規定があることからもうかがうことができる。また、家庭教育よりも学校教育の方が優れているとも考えており、その根拠を次のように説明していた。

家庭ニ於テ教育ヲ受クル児童ハ、日常其親近スル所ノモノ、唯《ただ》父母兄弟等ニ止マルヲ以テ、概《おおむ》ネ寡聞《かぶん》ニシテ、自己ノ脳力十分ニ発達スルノ機会ヲ得ザルノミナラズ、己レノ力ヲ秤量《ひょうりょう》スベキ尺度ナキヲ以テ、其得ル所寡少ナルモ自ラ之ニ満足シ、動《やや》モスレバ傲慢心《ごうまんしん》ヲ生ゼシムルノ憂アリ、之ニ反シ学校ハ恰《あたか》モ児童ノ一小世界ノ如ク、前途ノ尚大ナル学校即チ世界ニ立ツノ準備ヲナスノ処《ところ》ニシテ、自他関係ノ種々ナルヲ悟リ、相互ニ競争心ヲ惹起シ、共ニ心身ノ発達ヲ誘進スル等、其益タル一々枚挙《まいきょ》ニ遑《いとま》アラザルナリ、学校教育ノ家庭教育ニ勝《まさ》ルコト既ニ斯《かく》ノ如シ

要するに、学校が集団教育であるがゆえに、子どもの社会性の形成などにおいて優位に

立つとされている。学校教育を推進する文部省の立場からすれば、当然のことであろう。しかし、にもかかわらず、「父母後見人等、修身ノ教育其他ノ望アリテ、其児童ヲ自ラ教授セント欲スルカ、又ハ他ニ師ヲ撰《えら》ビテ之ニ従学セシメント欲スルモノアルニ於テハ、法令又之ヲ禁ゼズ」と、家庭教育を禁止することはできないとしたのである。文部省は、家庭教育を推奨しようとは考えていなかったが、それでも、家庭教育に対する欲求があるならば、それを学校教育の代わりとすることを認めたのであった。

ともあれ、文部省は学校教育と同じ内容の教育を家で行うのが家庭教育であるとしたが、これは学校教育の立場からのみ発想された家庭教育観である。このような家庭教育がどの程度実施されていたのかはっきりしないが、学校教育制度の成立が生み出した家庭教育観であることは間違いないだろう。そして明治二三（一八九〇）年の小学校令改正において は、次の条文が登場している。「学齢児童ヲ保護スベキ者ハ、其学齢児童ヲ市町村立小学校、又ハ之ニ代用スル私立小学校ニ出席セシムベシ、若《も》シ家庭又ハ其他ニ於テ尋常小学校ノ教科ヲ修メシメントスルトキハ、其市町村長ノ許可ヲ受クベシ」（第二二条）。『文部省示諭』に示された家庭教育観を取り入れた条文であることがわかる。そしてこの条文は、明治三三（一九〇〇）年、四〇（一九〇七）年の小学校令改正でも踏襲されていった。

学校教育の準備・補助

では、『教育報知』ではどのような家庭教育観が論じられていただろうか。『教育報知』とは、明治一八（一八八五）年四月に創刊され、途中休刊をはさみながら、明治三七（一九〇四）年四月まで発行された教育雑誌である。日下部《くさかべ》三之介が主宰していたが、そこには教育の実情や理論などの教育情報が掲載され、教育についての意見交流や論争なども行われていた。当然、読者は教師を中心とした教育関係者である。

はじめて『教育報知』に家庭教育論が登場したのは、明治一九（一八八六）年のことであり、「家庭ノ教育」という欄が、明治一九年一一月から二一（一八八八）年六月まで設けられていた。ここで検討する家庭教育論は、明治一九年から二〇年代前半の『教育報知』に掲載されたものであるが、教育雑誌という性格上、教師や学校という立場からの主張であった。この点が、『教育報知』の家庭教育論の大きな特徴である。したがって『教育報知』の議論は、『明六雑誌』や『女学雑誌』あるいは『家庭叢談』とは、かなり異なった地平にたっていたといえるだろう。

『教育報知』における家庭教育についての最初の論説は、第四〇号（明治一九年一〇月一日）の社説「家庭教育ノ急要」である。ここでいう家庭教育とは、「小学教育ノ準備トナリ、且之《かつ》ガ補助タル可キ者《（ママ）》」を意味していた。家庭教育を、学校教育の準備・補助と位置づけていることが目新しい点である。『文部省示諭』のように、家庭教育を学校教育の代替とするものでもないし、『家庭叢談』のように、家庭教育の独自性、さらには学校教育に対する優位性を主張するものでもなかった。『教育報知』は、あくまでも学校教育を教育の中心にすえて、その代替ではなく、それに従属するものとして家庭教育をとらえたのである。このように家庭教育をとらえるからこそ、家庭教育の不振は、「自然学校教育ノ進歩ヲシテ遅鈍《ちどん》ナラシメ、之ヲ妨害スルコト尠《すくな》カラズ」という状況を生み、「問題」となるのであった。

　また別の社説は、家庭教育が学校教育をいかに損なっているのか、次のように述べている。難解な表現であるが、当時どのように認識されていたのか明らかになるので、引用しておきたい。

　学校は曰《いわ》く、已《や》むを得ざるにあらざれば妄《みだ》りに欠席すべからずと、而《しか》して家庭は曰く、家政の幇助《ほうじょ》の為め是れ実に已むを得ざるの事と、教師曰く、飲酒する勿《なか》れ、喫烟する勿れ、骨牌《かるた》を弄《ろう》する勿れと、父兄曰く、飲酒喫烟は父兄の聴する処、弄牌《ろうはい》亦《また》是れ行余《ぎょうよ》の佳戯《かぎ》と、畢竟《ひっきょう》只《ただ》是れ一の些事《さじ》なるに過ぎずと雖《いえど》も、常に都邑陬村《とゆうすうそん》の間に於て、容易《たやす》く見得るの事実にあらずや、是に於て乎《か》、学校百日の訓練は、家庭一夜の冷却に之れ如《し》かずして、世の今の徳育の成果を論ずるものの、口を開けば先づ其頽勢《たいせい》を呶々《どど》するも亦、盖《けだ》し学校及び家庭の関係上、正《ま》さに此の相互の衝突を免かれざる如《ごと》きもの手近き其一因たらずんばあらざるべし。（「家庭及学校教育の一致の要」明治二五年一二月三日）

ここでは、家の都合を優先させて簡単に学校を休ませること、家では子どもの飲酒・喫煙・カルタ遊びなどに寛大なことが問題とされている。そしてこのような、教師の教えに反する家での教育、学校と家との不一致こそが、学校教育の成果を水泡に帰し、徳育の退廃をもたらす一因とされていた。先に、学校の教育と家や村の教育という、二つの教育が並存していたことを指摘したが、『教育報知』にあっては、この二つの教育の並存自体が問題とされていたことになる。

学校と家の一致

したがって学校の価値観と家の価値観の食い違いは是正されるべきであり、この社説は、教師が家庭教育の改善、父母の啓蒙を行うべきであると指摘していた。もちろん、ここでいう家庭教育の改善とは、学校と教育方針が一致しない家庭教育を、学校教育に同調し、協力する家庭教育へと転換することを意味している。そのためには家が学校の教育方針を取り入れることが何よりも必要であった。

そしてそのための方策が『教育報知』誌上でさまざまに語られていく。たとえば、山梨県の奥山茂四郎という人物は、第二九四号（明治二四年一二月一九日）に、「学校ト家庭ノ教育法ヲ一致セシムル方案」という文章を寄せ、某氏の談として次のような方策を紹介している。

先ヅ第一着歩トシテ、年始ノ礼ヲ一堂（即チ学校）ニ会シテ其式ヲ挙行セシムルコトトセリ（此地ニテハ家々回礼スルノ習慣ナリシモ）、之レ父兄ト教師ト聯絡《れんらく》セントスルノ端緒ニシテ、此時、各教員ト申合セ、新年ノ辞ヲ兼ネテ家庭教育等ノ必要ヲ説クノ計画ナリ

農蚕ノ期節《(ママ)》ニハ講師ヲ聘《へい》シ、養蚕上ノ説話ヲナシ、且教育及ビ殖産等ノ談話ヲナス暑季ニ至レバ衛生談話ヲ学校ニ開キ、衛生法ノ必要ヲ知ラシムルト同時ニ、教育ノ必要ヲ説キ、常ニ幻燈《げんとう》等ヲ使用シテ多数村民ノ集合ヲ計レリ

卒業証書授与式等ニハ、可成《なるべく》、勧誘シ父兄ヲシテ参列セシメ、教育上ノ演説等ヲナシ、ソノ価値ヲ知ラシムルニ注意セリ

斯《か》クノ如ク常ニ学校ヲ会場トシ、父兄ヲシテ屢《しばしば》校門ヲ出入スルノ人タラシメタレバ、

二年ナラズシテ、父兄ヨリ教育懇話会ナル完全ノ学校家庭聯絡会ヲ発起セラルルニ至レリ

このように折りにふれて親との接触を図り、学校教育の意味や新しい知識を親たちに知らせることによって、学校と家との密接な連絡、ひいては親の学校への協力が可能になると考えられたのである。学校は子どもを教育するだけでなく、父母の啓蒙をも行うものとされた。

以上、明治啓蒙期から二〇年代前半までの家庭教育観を検討してきたが、そこには大きく二通りの見方が存在していたことがわかる。一つは、箕作秋坪や『家庭叢談』の論考に示されたような、家庭教育独自の価値を追究しようとする考え方である。ただ、あるべき理想としての家庭教育と、現実の家庭教育との間にはかなりのズレがあることが自覚されており、そのズレを埋める方策が見出せないまま、子どもの教育を担うのは、家族か学校かと考えが揺れていた。

それに対して『文部省示諭』や『教育報知』は、学校教育を中心にすえ、そこから家庭教育の位置を明らかにしようとしていた。出てきた結論は、かたや、学校教育の代替、かたや、学校教育の準備・補助と異なってはいたが、あくまでも学校教育の論理で家庭教育

をとらえようとする点で、両者は共通していたといえるだろう。

では、これらの論点は、家庭教育論が本格化する、明治二〇年代後半から三〇年代にかけての時期に、どのように展開されていくのだろうか。

家庭教育論の隆盛

数多くの家庭教育論

明治二〇年代後半に入ると、家庭という言葉を冠した雑誌が発行されはじめ、そこでは家庭や家庭教育のあり方が論じられていった。その代表が徳《とく》富《とみ》蘇《そ》峰《ほう》による『家庭雑誌』（明治二五～三一年）、『日本乃家庭』（明治二八～三三年、その間、『家庭教育』、『日本の家庭』と改題されている）、堺利彦による『家庭雑誌』（明治三六～四二年）、羽《は》仁《に》吉一・羽仁もと子による『家庭の(之)友』（明治三六～四一年）や『家庭女学講義』（明治三九～四〇年、四一年に『婦人之友』と改題）である。

　また明治三〇年代に入ると、日本児童研究会の手になる『児童研究』（明治三一年～）、東京女子高等師範学校内のフレーベル会による『婦人と子ども』（明治三四～昭和一九年、この間、『幼児教育』、『幼児の教育』と改題）のような専門雑誌が発刊され、これらの雑誌においても、家庭教育に関する論説が多数掲載されていた。

新聞社に目を転ずれば、読売新聞社では明治三四（一九〇一）年に、知名人数十人に尋ねた家庭での教育方針を『家庭の教育』として編集・出版している。『大阪毎日新聞』では、他紙にさきがけて明治三一（一八九八）年に「家庭の栞《しおり》」欄を創設し、『東京朝日新聞』は明治三三（一九〇〇）年ころに、家庭の教育問題に取り組み、キャンペーンをすすめていた。さらには、明治三三年に創刊された、女性のための週刊新聞である『婦女新聞』も、創刊当初より家庭教育論を多数掲載している。

このように、まずジャーナリズムが家庭教育の問題を取り上げていったが、外国人の手になる家庭教育論の翻訳・紹介も、すでに明治二〇年代半ばよりはじまっていた。たとえば、マレソン『家庭教育原理』（明治二四年）、ルソー『児童教育論』（明治三〇年）、ハンナ・ホイットール・スミス『家庭教育』（明治三六年）、アドルフ・マッチアス『太郎は如《い》何《か》にして教育すべき乎』（明治三八年）、ポール・ケーラス『家庭に於ける児童教育の理論及び実際』（明治四四年）などである。ルソーを除いて、これらの著者は今日ほとんど名前が知られていないが、当時の日本人が、家庭の教育のあり方を模索し、熱心に諸外国の家庭教育論を吸収しようとしていたことがみてとれる。

一方、日本人の教育学者や心理学者、あるいは教員たちが家庭教育について考察した書物も、おもに明治三〇年代から出版されるようになった。早いものでは、小池民次・高橋秀太『家庭教育』（明治二〇年）や三島通良『ははのつとめ』（明治二二年）があるが、代表的なものとしては、次のような文献がある。民友社『家庭教育』（明治二七年）、山田禎三郎『家庭教育』（同年）、新治吉太郎『通俗家庭教育』（明治三二年）、利根川与作『家庭教育法』（明治三四年）、下田歌子『泰西所見家庭教育』（同年）、松本孝次郎『家庭教育』（明治三六年）、高島平三郎『家庭教育講話』（同年）、大村仁太郎『家庭教師としての母』（明治三八年）、日本済美会編『家庭及教育』（明治三九年）、羽田貞義・小沢錦十郎『母のための教育学』（同年）、松本孝次郎『家庭に於ける児童教育』（同年）、加藤末吉『学校と家庭との連絡』（同年）、三土《みつち》忠造『親の罪　一名家庭教育批評』（明治四〇年）、羽仁もと子『家庭教育の実験』（明治四一年）、山松鶴吉『小学校に連絡せる家庭の教育』（明治四四年）、田中義能《よしとう》『家庭教育学』（明治四五年）、高島平三郎『家庭及び家庭教育』（同年）。

このようにみてくれれば、最初はいくつかの雑誌で論じられたにすぎない家庭教育の問題が、しだいに専門家の関心をよび、特に明治三〇年代から四〇年代にかけて多くの家庭教育書が発行され、体系的に論じられるようになったことがわかる。ではいったい、なぜこのこころから、家庭教育の重要性が指摘され、そのあり方について論じられるようになったのだろうか。

家庭教育への関心

家庭教育論をみた限りでは、その背景に、家で行われている教育を「遅れている」「乱れている」とみる意識が存在していたことがわかる。たとえば、「現今の家庭教育の状態を察するに、多くは放任無頓着《むとんちゃく》にして、児童をして徒《いたずら》に驕奢《きょうしゃ》、放縦《ほうじゅう》、懦弱《だじゃく》、淫逸《いんいつ》等に流れしむるもの少からず」（日本済美会編『家庭及教育』）という思いが、どの家庭教育論の根底にも共通に存在していた。

このような共通認識が存在するほど、家の「乱れ」を示す社会現象が増加していたのであろうか。あるいは見る側の目が「文明化」された結果、これらの点が「問題」と認識されたのであろうか。断言はできないものの、おそらく後者ではないかと思う。なぜなら、学校教育の効果をそぐものとして問題視されていたのは、たとえば、「卑猥《ひわい》な」劇場や寄席へ家族連れで出入りする、家で「俗謡」を歌い、三味線や琴を奏でる、あるいは未成年者が喫煙・飲酒をする（「現今の家庭を論ず」『児童研究』明治三四年一〇月）、などといった、従来から一般にみられる慣習だったからである。

おりしも明治三〇年代前半は、「国家の子ども」の章で述べたように、小学校への就学率が急上昇をはじめ、義務教育が軌道に乗った時期にあたっていた。そしてまさにこの時期に家庭教育の問題が熱心に論じられはじめたというのは、この義務教育の定着と無関係ではなかった。「明治期の育児・家庭教育に関する集大成とでも言うべき」（横山浩司『子育ての社会史』）本である、日本済美会編『家庭及教育』は、学校教育と家庭教育との関連について、次のように述べている。「学校教育は家庭教育の補助を得ざれば、到底《とうてい》其の作用を完成することを得ざるなり。是れ家庭教育が、独《ひと》り教育の基礎たるのみならず、学校教育を確実ならしむるに欠くべからざればなり」。つまり、学校教育が普及してきたこの時期、学校教育を支え、より充実したものとするために、家庭教育が注目されはじめ、従来から家で行われてきた教育の改善が意図されたことがわかる。

図５　加藤末吉『学校と家庭との連絡』表紙

そしてこの学校教育の普及と関係があるのだが、学校教育を受けた世代が親となり、旧世代の祖父母と教育のあり方をめぐって、意見の相違が存在していたこともまた、家庭教育論の隆盛を促した理由の一つであった。それは、次のような意見に表われている。「今や旧時の思想は未だ老婦人の念頭を離れず。その感化はなほ多少の勢力を有し、而して一方にありては少壮なる婦人は文明的思想によりて養はれ、然《し》かも未だ経験に乏しきの観ありて、新旧相錯雑し、育児の方法の如きはこれら二種の思想の衝突を見ること屢々《しばしば》なり。是の時に当りて児童保育に関する事項を攻究するの必要あるは顕著なる事実なりと謂ふべし」(「母親倶楽部」『児童研究』明治三二年一二月)。

すなわち、学校教育にふさわしい家庭教育の模索という視点にしろ、育児や教育をめぐる新旧思想の対立という視点にしろ、いずれにせよ、家庭教育論においては、伝統的に行われてきた教育に変わる、新しい家庭教育のありようが追究されていたのである。そしてその動きを促したものが、学校教育の定着であった。そういう意味では、家庭教育という概念自体が、学校教育を意識し、それと密接にかかわりあうものだったといえるだろう。

国家の基礎としての家庭教育

そして家での教育に関心がもたれたのは、まさに家庭教育が教育の基礎だからであり、一人の人間の人格形成上ばかりでなく、国家にとっても、いやむしろ国家にとってこそ、その良否が大きな意味をもっているからであった。たとえば『家庭及教育』は、序において次のように述べている。

家庭は社会の基礎にして、又子女教育の淵源《えんげん》たり。故に、家庭にして斉《ととの》はざらんか、何を以《もっ》て能《よ》く其の国家社会の鞏固《きょうこ》を図り、且《かつ》次代国民の陶冶《とうや》を全《まっと》うするを得ん。予の常に経験する所に拠れば、教育によりて化し難き少年の十中八九は、大抵不良の家庭に人と為りたるものにあらざるはなし。家庭の良否は、其の子女一生の品性及び運命を決定すと謂《い》ふも、決して過言にあらず。……家庭教育の切要を説くの声、亦《また》大《おお》いに盛んとなるに至りしは、誠に国家社会の慶事と謂はざるべからず。

このような家庭教育のとらえ方は、なにも『家庭及教育』に特有なものではなく、他の著書にも共通するものであった。つまり、将来の国家を担う国民の形成という観点から教育、とりわけ家での教育をとらえたとき、それは改善すべき旧態依然たるものとして問題視されたといえるだろう。言葉を代えていえば、国民形成を担う学校教育が定着してきた、まさにその時に、家庭教育もこの視点によってとらえられはじめ、その改善がめざされたということである。ではいったい、この家庭教育と学校教育とはどのような関係性をもつと考えられていたのだろうか。

学校教育の対概念としての家庭教育

まず、家庭教育という言葉の使い方で特徴的なことは、どの論者も、家庭教育という言葉を学校教育の対概念として使っていたことである。したがって、家庭教育は、子どもが成長するにつれて、教育全体の中で占める比重が軽くなっていくが、大体、子どもが成人に達する、あるいは学校教育を修了するまで続くと考えられていた。

他方で、学校教育と無関係に、家庭教育そのものの意味を問うということはあまりなされていない。その結果、家風・家訓の伝達や「家」意識の涵養、あるいは子どもを跡継ぎとするための教育などのように、家庭教育をそれぞれの家において独自の教育目標をもつものとして理解する主張は、ほとんどなかった。

またこのことと関連して、家庭教育論で使われる家庭とは、学校に対する家という場所を示す言葉であった。そのため、家庭教育論では家庭という家族が、「家」的なものなのか、それとも新しい家族としての家庭をさしているのか、あまり論じられていない。わずかに論じている『家庭及教育』は、家庭について、「一家族の由《よ》りて以て平和を享《う》け、慰安を保ち、休息を得、修養を遂ぐる所の居処」と定義し、愛情にもとづく集団、社会からの避難所、「男は仕事、女は家事・育児」という性別分業の存在という、家庭ととれる説明をする一方で、祖先の遺風を顕彰する場というように、「家」的な叙述も行っていた。また、西欧の家族が夫婦中心の家族であるのに対し、日本の家族の特徴は家族制度にあると理解していた高島平三郎は、西欧流家族の長所を取り入れて、「スウィート・ホーム」を作るべきだと主張している（『家庭教育講話』）。

このような主張はあったものの、総じていえば、家庭とは何かという問題意識は弱く、あくまでも学校に対する家庭という場、学校教育の対概念としての家庭教育、というとらえ方がなされている点に、家庭教育論の特徴があったといえるだろう。

家庭教育と学校教育との相補性

では家庭教育は、学校教育とどのような意味で対概念だったのだろうか。このことに言及している論者は、両者が特徴・長所を発揮し、補い合うことが必要であり、そのことによって教育を完成させることができるとする点において、共通していた。そしてこの両者の相補性は、二通りの意味で使われていた。

一つは、「学校は主として智的教育を為し、家庭は主として道徳的教育を施す」（日本済美会編『家庭及教育』）という言葉に示されるように、知育と徳育という、教育の領域における相補性である。そしてもう一つは、「学校教育の特色は、規律的共同的なるに在《あ》り。

……然《しか》るに、家庭教育の特色は之に反して、寧《むし》ろ児童の個性に準拠し、個々別々に之を教育して、其の特性を発揮せしむるに在り」（同）というように、集団教育と個人教育という、教育方法の相補性である。

いずれの場合にせよ、家庭と学校とが手を携えることによって、教育はより充実した、完全なものになっていくと考えられていた。そしてそのためには、家庭と学校とが意見を交換しあい、「同一の目的を逐《お》ひ、同一なる教育学上の意見に基き、両々相提携して」（同）いくことが必要であるという。そのための具体的な方策については、さまざまなやり方が指摘されていた。それは、通知簿などによる相互連絡、学校参観や家庭訪問、父兄懇談会・音楽会・展覧会などの開催、教師の住居をなるべく学校所在地付近とすること、教師が地元の行事の世話役をすること、地元の新聞に学校の事業計画や成績などの報告を掲載すること、などである。

学校教育の主導権

このように家庭と学校とは連絡を取り合い、協力しあうべきだと考えられていたが、けれども家庭と学校とは対等な立場で、それぞれが長所とする方法を取りながら、それぞれの領域で教育すればよいわけではなかった。たとえば、両者の意見が食い違った場合、いったいどうするのか。このことに関して、次の

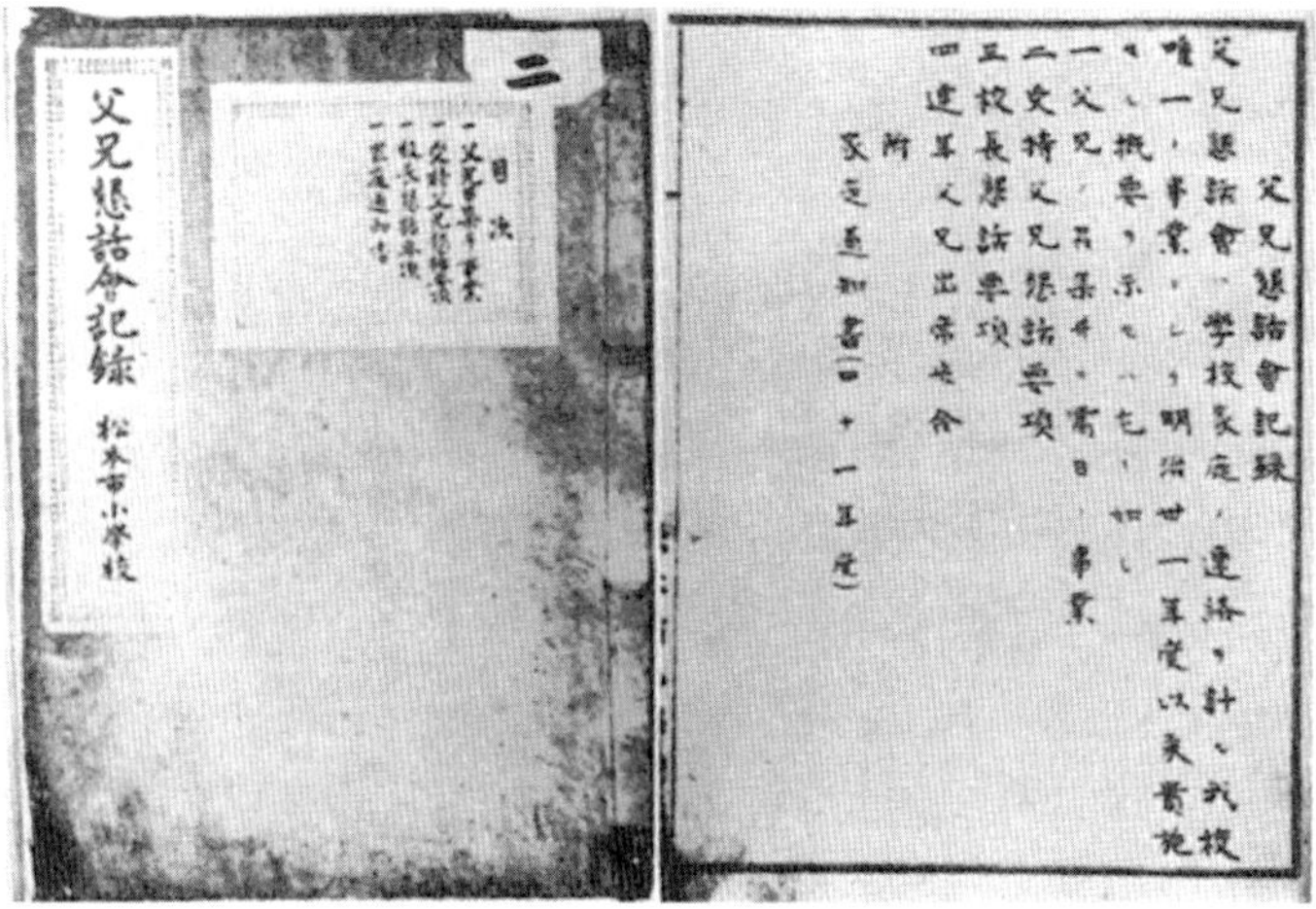

図6　松本市小学校父兄懇話会記録

ような、実に注目すべき発言が行われている。「家庭と学校との取る所の意見にして、一致せざるが如きあらば、今日の場合にては、家庭は学校の意見に準拠するを可とすべし。何となれば、学校は教育の原理、方法等を研究して施設せるものなればなり」（同）。

つまり、学校あるいは教師は、教育に関する専門性を有しており、それゆえに、「素人」である親や家庭に対して主導権を持つべきだというのである。とりわけ加藤末吉は、小学校訓導という自らの立場ゆえか、次のように述べ、何事も学校の都合を図ることを家庭に求めていた。「児童の教育は、学校を中心として、家庭の意見をまげる事が必要でありま す。……仮令《たとい》少々は家庭の事情としては、困る事があつても、学校の方針には随はねばならぬのであります。……学校の方針をよく知つて、夫《そ》れに近づいてさへ行けば、間違はないのです」（『学校と家庭との連絡』）。

両者の協力といっても、実際には主導権を学校にゆだねたうえでの家庭による学校への協力だったのである。しかも、学校や教師の専門性は、単に子どもの教育に対してだけでなく、親への指導に対しても発揮されるべきだと考えられていた。たとえば、次のような主張がある。「教育者には、教育が専務の職業であるだけ、これに関する知識全体については、一般の父母よりも、幾分か該博《がいはく》であって世の父母に向って、多少、有益な注意を呈するだけの、修養と資格とを持って居ると言って、差支《さしつかえ》ないと思ふ」（三土忠造『親の罪一名家庭教育批評』）。学校教育を支える家庭教育へと改善していくということは、教師による親の教育をも含み込んでいたことがわかる。

また、家庭と学校との協力を、家庭が学校を信頼し、学校教育が円滑に進展するように努力することと理解しているものもいた。たとえば田中義能は次のように述べている。「父母はその子供を学校に入学せしめました以上は、学校教育を信託し、能《よ》く子供をして学校教育の命を奉ぜしめ、凡《す》べての点に学校教育に協力し、学校が教育上、学問に対する興味を養成せんと務《つと》むる事に協力して、子供の予修《(ママ)》復習などに力を用ひしむるやう務めなくてはなりません」（『家庭教育学』）。

さらには、子どもは親の言うことより、教師の言うことの方をよく守る傾向があるので、「何か子供にわるいことがあつたら、家庭でいましめさとすとともに、学校へも話して、先生から一般によくさとしてもらうと、大へんききめがあるものです」（「母親のため（第二五回）」『児童研究』明治三四年一月）と、家庭で学校の権威を利用するべきだと勧める意見もあった。家庭が学校教育の論理を受け入れ、学校に協力するという構図を超えて、家庭でおきた問題にまで学校に介入させるということの主張は、少数意見にすぎなかったが、

家庭への希望

一、學校にて兒童に敎へたることは家庭に於ても敎へられ躾方も學校と一致して良き躾に慣れしめられたし

一、時々來校ありて敎授躾方等の模樣を參觀せられたし

一、兒童の敎育上參考となるべき事項は學校へ通知せられたし通知せらるゝとき又學校より通知したるときは相當欄内に認印を押されたし

一、缺席遲刻早退せしめざる樣つとめられたし止むを得ず缺席遲刻早退せしむる時は書面又は口頭にて其事由を屆出られたし

一、毎日相當の時間を與へて復習をなさしめ復習終らば學用品等とりそろへ翌日登校の用意をなさしめられたし

一、學用品辨當雜巾手拭鼻紙草履等遺忘なき樣又不要の物品金錢等持參せしめざる樣注意ありたし

一、成績を判定するに參點以下を落第とすすべて點數の少なき敎科目は他の敎科目より復習につとめしむる樣注意ありたし

一、身体及衣服は常に淸潔になさしめられたし

一、本表は修了證書又は在學證明書に代ふるものにつき大切に保存せられたし

石川縣江沼郡三木尋常高等小學校

北陸印刷[illegible]行

図7　家庭への希望

（大正13年度石川県江沼郡三木尋常高等小学校通知表裏表紙）

それでも家庭と学校との関係性を考えるうえで、実に興味深い主張であるといえるだろう。

以上、述べてきたことから明らかなように、いくら家庭教育と学校教育にはそれぞれの特徴・長所があり、両者は相補的であるといったところで、そこから見えてくるのは、学校のやり方に合わせ、学校教育をいわば下から支えていく家庭教育でしかない。そこには、親が自己の見解にもとづき、独自に子どもを育てていくといった姿を、垣間見ることはできないのであった。

家庭教育の担い手

では、このような家庭教育は誰が行うべきものなのだろうか。そもそも、家庭教育の担い手としては、父母をはじめとして、祖父母や乳母などが想定できる。しかし家庭教育論で担い手として期待されていたのは、もっぱら父母であり、祖父母や乳母などはほとんど言及されていなかった。

また多くは、父母とはいっても、父に対してよりもむしろ母に対して、その果たすべき役割の重要性、とるべき態度を繰り返し説いている。というのは、子どもを育て、教育するのは、女性の「本分」「天職」とされたからであった。ただ、なかには、父の威厳と母の慈愛というような両者の相補的役割を強調する意見や、父が方針決定者で母は実行者とする主張もあった。

だが、当時の家庭教育論においては、母であるというだけで、誰でもが家庭教育を行えると考えられていたわけではなかった。家庭教育を十分に行うためには、家庭教育の知識が必要であり、女性は教育を受けねばならなかったのである。もっとも鮮明にこの考えを打ち出している大村仁太郎の主張を、ここで紹介しておこう。

子供の教育は、母親の有する教育の程度に応じて成功するものであると考へるのでありメす。何となれば、母親にして智識が多ければ多い程、種々工夫を凝《こら》して教育的手段を案出し、自ら最良と認めたる方法によつて、子供を教育することが出来るからであります。智識に乏しき母にあつては、遺憾ながら此の事が出来ません。ただ僅《わずか》に天賦の理性と、狭隘《きょうあい》なる経験に基く判断とに依頼する外、施すべき策がないのであります。……元来母の愛情なるものは、概して盲目的なもので、其の子を客観的に批判する観察力を母親より奪去る為め、教育上少からざる妨害を為すものであります。之は愛に溺れたる多くの母親が、其の子の性質を洞察するの明なきに徴しても、容易に知ることが出来ませう。(『家庭教師としての母』)

大村によれば、子どもの教育の良し悪しは母親の教育の程度によって決定されるのであり、賢母とは愛に溺れず、子どもの状態に応じて臨機応変に育て方を工夫する存在だったたことがわかる。

また、なかには、女子教育の必要性を指摘するにとどまらず、より具体的に、賢母となるために必要な教育内容にまで踏み込んで、論じているものもあった。そこであげられている教育内容は、教育学、児童心理学、生理学、倫理学などである（高嶺秀夫「婦人の勉強心を奨励せよ」『児童研究』明治三四年二月、高島平三郎『家庭教育講話』など）。いずれも、母から娘へ、あるいは姑から嫁へと、伝えられてきた育児や教育の経験知ではなく、新たに西欧諸国から流入してきたところの学問である。このような近代知を得るためには、学校教育を受けることがもちろん必要であった。さらには、結婚して母となってからも、読書をし、講演を聴講するなどして、知識を広めることが求められている。また育児日記をつけたり、母親同士の交際・意見交換の場として母親会を作る必要性も主張されていた。

このように女たちは新しい知識を獲得し、母として子どもの教育を意図的に行うべきだとされたのだが、その家庭教育は、従来家庭で行われてきた教育のあり方とはかなり異なっていたはずである。この時期の家庭教育論が、家庭での教育の担い手として祖父母などを登場させないのも、「遅れた古い」タイプの教育を批判し、克服することをめざしたのも、これで納得できるだろう。すなわち、明治三〇年代における家庭教育論とは、社会・

国家の基礎としての家庭、教育の基礎としての家庭教育に対する「近代化」の開始であり、その担い手としての母の登場を意味していたのである。

家庭教育の意味

明治二〇年代前半までの家庭教育論は、家庭論の文脈と教育論の文脈とにわかれ、前者では家庭教育の担い手としての母、後者では学校教育との関連における家庭教育の意味を、それぞれに論じていた。しかしこれまで検討してきたことから明らかなように、明治三〇年代に入ると、両者の論点が統合され、あるべき家庭教育像が提示されたことがわかる。それがどのようなものだったのか、ここでまとめておきたい。

まず指摘しておきたいことは、家庭教育自体の価値の追究に主眼があるのではなく、次代の国民形成という観点や学校教育との関連において、家庭教育が論じられていたということである。もちろん、次代の国民養成という観点からすれば、もっとも重要だと考えられていたのは学校教育であり、事実、明治国家はその定着のために多大のエネルギーを使っていた。それに比べれば、家庭教育のもつ意味は小さいかもしれない。しかし、学校教育ばかりでなく、家庭教育と相まってはじめて、国民教育は完成すると考えられたこと、しかも、学校教育が定着してきた明治三〇年代という時点で、家庭教育が「遅れている」

と意識され、その改善が図られたことは、やはり注目すべきだろう。母による家庭教育と学校教育とは、国民形成を担っていく車の両輪といってもよいだろうし、この両者が近代における教育を担い、やがてはその機能を肥大化させ、教育を独占していくことになるのである。

しかしながら事態を複雑にしているのは、家庭教育の担い手である母は、従来のように、日常生活を通して、親の世代から子の世代へと伝えられてきた経験知を習得するのではなく、教育学などの学問を通して、「科学的」な家庭教育のあり方を学ぶことが必要だったことである。それは当然、学校という近代的な制度を通して学ばれていくことになる。また家庭教育と学校教育とはけっして対等な関係ではなく、母親が担うべき家庭教育とは、学校教育の方針に合わせ、それを支えていく、いわば学校教育を補完するものであった。その意味で、学校教育の下請けをする存在として、母が期待されていたといえるだろう。つまり、家庭教育の担い手である母親は、学校教育を通してより良い母となることができ、その母が行う教育が学校教育の補完物となっていくという意味で、論理上、家庭教育は完璧に学校教育体制の中に組み込まれてしまっていたのである。

家庭の子ども

「家」と家庭

「家」の子ども

明治三〇年代において、学校教育と母による家庭教育とが子どもの教育を担い、後者が前者を補完する役割を果たすという体制が、言説の上で成立した。しかしこのような家庭教育がこの時点で現実のものとなっていたわけではなく、それが実現するのは家庭という新しい家族の成立まで待たなければならなかった。そこでこの章では、家庭がどのようにして成立し、そこで子どもがどのように育てられていったのか、論じていくことにしたい。

「国家の子ども」の章でも述べたように、明治以降の家族の変化は、さまざまな位相を含み込んでいた。なぜなら、家族と一言でいっても、制度上の家族もあれば、実態としての家族もあり、理念として語られる家族もあるからである。したがって、制度的な変化が実態としての変化をもたらす場合もあれば、制度が変わっていっても実態としてはさほど変化しない家族もあり、さらには現実の変化に先立って語られる家族の姿もあった。

このような複雑な状況の中ではっきりしていることは、戸籍制度の整備によって、すべての国民が戸主を中心に、戸主との続柄において表示された戸籍＝「家」に組み込まれた存在となったことである。その結果、当然、子どもは「家」の子どもとしてとらえられていくことになる。ただ、いうまでもないことだが、すべての国民が「家」の一員として国家によって把握されたといっても、その「家」に対する意識化の程度はさまざまであり、「家」の子どもといっても、その内実は多様であった。

そしてその「家」は、江戸時代の「いえ」がもっていた家業・家産・家名の一体性を制度上失っており、家名によって体現された観念的なものとして存在していた。つまり、「家」の特徴とは、「家」の構成員が祖先への崇拝の念とそれへの祭祀を精神的な支えとしながら、「家」が先祖から子孫へと永続していくことを願う、家名存続、「家」の連続性への志向性にあった。子どもは、このような「家」を継ぐべき存在としてとらえられることになるが、もちろん、子どもの中には「家」を継ぐべき者とそうでない者とがいた。

明治三一（一八九八）年に施行された民法において、家督を相続する順位は、男子本位、嫡出本位、長子本位と規定されていたから、嫡出の長男が法定推定家督相続人となる。したがって長男は、次・三男や女子などに対して特権的な地位にあり、「家」制度には、子どもの間で差別化を図る仕組みが存在していたといえる。そして家督を相続し、戸主の地位についた者は、系譜・祭具および墳墓の所有権をもつとともに、家族に対する扶養義務、家族の婚姻・縁組に対する同意権、家族に対する居所指定権をもつことになった。

また制度上、家産は存在せず、家業と無関係に生きていくことも可能であったが、多くの場合、人々は、田畑などを先祖伝来の家産として認識するとともに、農業や商業などを家業ととらえており、それを一人の子どもに継承させようとした。その結果、民法上は財産相続は子どもが平等に相続する規定であったが、家督相続人が親の仕事を継ぎ、財産を特権的に相続する場合も多かった。

ゆえに、「家」の子どもといったとき、それは単に先祖から続いてきた観念としての「家」を継ぐべき子どもという意味だけではなく、家業・家産を継ぐ者としての子どもという意味もそこには多分に含まれていたことになる。そして「家」を継ぐのが長男である以上、長男とそれ以外の子どもとの間には絶対的な差があり、「家」の子どもというまなざしは、長男に対してより強くなげかけられていたといえるだろう。

「家」から独立する家族

ただ事態を複雑にしているのは、このような「家」が戸籍法や民法という法的裏付けをともなって存在している一方で、しだいに戸籍上の「家」が必ずしも現実の家族の姿を映し出すものではなくなっていったことである。つまり、居住移転の自由や職業選択の自由にともなって人々の社会的移動が活発化していけば、分籍手続きがとられない限り、戸籍上の「家」と実態としての家族との間にはズレが生じてくる。一般には分籍の強制はなかったから、寄留《きりゅう》手続きだけで格別の不都合もなく、戸籍上の「家」から独立した家族が形成されていった。具体的にいうと、親とともに暮らす長男の家族とは別に、次男、三男たちはそれぞれの独立した生計を営む家族を作っていくことになる。しかも長男の家族と次・三男の家族とは、戸籍上は一つの「家」を構成するということが生じていた。現実には「家」から独立した家族を中心に家族生活が営まれながら、その独立した家族は、戸籍上は直系や傍系を含む拡大家族としての「家」に組み込まれている、という事態が起こっていたのである。

このような戸籍と実態との家族のズレは、すでに明治前半期から意識されはじめており、戸籍上の「家」と生活共同体としての家族とは、行政上もしだいに分けて考えられるようになっていく。すなわち、居住と家計をともにする消費を単位とした世帯という概念が登場し、明治三八（一九〇五）年以降、それが各種行政調査の基礎単位となっていった。また、住所を移して本籍地を離れる人々が増加していく状況を法的に承認し、移動人口を把握するために、寄留法も大正三（一九一四）年には制定されている。つまり、近代国家形成の過程で、家族は国家の基礎として位置づけられ、その家族とは法的には戸籍上の「家」だったのだが、現実にはしだいに「家」から独立する家族が生まれていったのである。そしてこの家族の中から、家庭が成立してくることになる。

家庭像の啓蒙

明治二〇年代は、新語として登場した家庭という言葉が社会に流布し、普及した時代であった。そして家庭という言葉を冠した雑誌が次々と刊行され、家庭とは何か、どうあらねばならないかが、盛んに論じられていった。その語られた家庭像はすでに述べた通りであるが、簡単に述べておけば、次のような特徴をもっていた。一つには、家庭にあって子どもは家内労働力としてではなく、愛護され、教育されるべき存在としてとらえられていること、二つには、「男は仕事、女は家事・育児」という近代的な性別役割分業が想定されていること、三つには、一家団欒《だんらん》という言葉に象徴されるように、家族成員間での深い情緒的なつながりが重視されていることである。家業にいそしむ家族、共同体に開かれた家族とは異なった家族の姿を、ここに見てとることができる。

そして、明治三〇年代後半から四〇年代、さらには大正期にかけては、家庭論が論じられるだけでなく、具体的な家庭の姿がさまざまな媒体を通して示されていった。たとえば、家事や育児などの家庭生活全般にわたって、より具体的な生活記事を掲載した女性雑誌が次々と創刊され、発行部数を伸ばしている。

その草分けともいうべき『家庭の(之)友』や『婦人之友』が羽仁夫妻によって創刊されたのは、それぞれ明治三六（一九〇三）年と四一（一九〇八）年である。羽仁は、円満な家庭を形成することをめざして『家庭の(之)友』を発行し、家政、育児などの家庭生活にかかわる実務の改善を推し進めようとしていた。この『家庭の(之)友』の編集方針は、『婦人之友』にも受け継がれている。『婦人之友』は、飽きることなく、繰り返し、主婦主導による生活管理、家族の団欒、家事の合理化、科学的な育児の必要性を主張し、その具体的なありようを示している。

また大正六（一九一七）年になると、同じく家庭生活に焦点をすえ、家事・育児に関する実用知識を満載した『主婦之友』が発行された。『主婦之友』の記事の特徴は、家庭生活に密着し、読んですぐに役立つという、徹底した実用主義にあり、そこでは中間層の生活実態に即した家事技術の紹介が行われている。そして『主婦之友』発行の三年後には、記事の内容や読者層において『主婦之友』と似通った雑誌として、『婦人倶楽部《くらぶ》』が創刊されている。

博覧会の開催

さらに明治四〇年前後からは、「子ども」「婦人」「家庭」などの言葉を冠し、家庭における日常生活に焦点をあてた博覧会や展覧会が、デパート、新聞社、電鉄会社などによって次々と開催され、人気を博していった。家庭は語られるだけでなく、展示されるもの、見られるものとなっていったのである。なかでも代表的なものが、明治四二（一九〇九）年から大正一〇（一九二一）年まで断続的に九回開かれた、三越による児童《こども》博覧会と、大正四（一九一五）年に国民新聞社によって開催された家庭博覧会であろう。

三越による児童博覧会は、デパートの販売戦略と結びついた博覧会の先駆けともいうべきものであるが、多いときには一日六万人もの入場者を集めるほどで、会場は親子連れでにぎわい、大盛況であった。そこでは、子どもが日常生活で使用するあらゆる品々（たとえば、おもちゃ、児童書、子ども服、帽子・靴・傘などの雑貨、文具、運動具、楽器、菓子、子ども用家具など）が陳列されている。博覧会に集まった人々は、これらの子ども向け商品を見ることによって、子どもには子ども向けの物が必要だと認識し、そのことを通して、子どもに対するまなざしを形成していった。

また国民新聞社による家庭博覧会は、国民新聞社創立二五周年を記念して開かれたものであったが、その開催趣旨は次のように述べられている。

> 文明の進歩に連《つ》れ、社会の変化に伴ひ、家庭の実際生活に関する問題はいよいよ複雑となれり。如何《いか》なる家に住むべきか。如何なる食物を用ふべきか。又如何なる衣服を纏《まと》ふべきか。家庭の問題は昔の如《ごと》く衣食住の問題を中心となすが如きも、新時代の衣食住と旧時代の衣食住とは自ら相異なるもの無くんばあらず。時代に適合したる家庭、及び家庭の生活を、理論の上に説かずして、ありのままの実際に示さんが為めに我家庭博覧会は企画せられたり。家庭てふ語の意味が広き如く家庭博覧会の範囲も

図８　『みつこしタイムス臨時増刊児童博覧会特集』表紙
（明治42年７月５日，杉浦非水画）

極めて広し。独《ひと》り経済上のことに止まらず。家庭の趣味娯楽に関する方面、衛生に関する方面、教育に関する方面も亦《また》等しく家庭博覧会の一部たるべし。……吾人は此挙によりて国民が健全なる家庭の何者たるかを知り、時代に適応せる家庭の生活の実際を学び、以て社会国家の進歩発達を来さん事を切望す。（「家庭博覧会」『国民新聞』大正四年三月一六日）

この趣意書からも明らかなように、家庭博覧会は「時代に適合したる家庭、及び家庭の生活」を人々に示すために開かれたものである。そしてそこでは衣食住のみならず、趣味・娯楽、衛生、教育などの幅広い領域にわたって展示が行われ、社会・国家の基礎としての「健全なる家庭」のありようが示されていた。

ともあれ、これら二つの博覧会の背後にあるのは、今までとは異なった新しい家族＝家庭が出現してきており、それにふさわしい家庭生活が営まれていかねばならないという問題意識であった。しかも重要なことは、言説を通してではなく、具体的な展示物を通して、これらが人々に家庭像を啓蒙していったということである。人々はこれらのモノを見ることで家庭というものを感じとり、そのことによって家庭生活のイメージを得ていったと思われる。

生活に強い問題関心を注いだ雑誌の発行部数の伸びといい、家庭生活を展示した博覧会の開催といい、これらは人々が家庭での消費生活に関心を向けつつあることを示す出来事であった。そしてこのような動きの背後には、家庭が語られるだけでなく、現実に成立してきているという状況が存在していた。

家庭の成立

日露戦争後、産業化の進展にともなって東京・大阪への人口集中がはじまり、第一次世界大戦後になると、都市の人口は飛躍的に増加していく。その過程で、工場労働者階層とともに一つの社会階層として本格的に登場し、第一次大戦後、自らの生活構造を形成・確立したのが、新中間層という階層である。彼らは新しい家族のあり方を生み出していくが、それは明治二〇年代から言説として語られていた家庭の実体化を意味していた。

新中間層とは、頭脳労働という労働形態、俸給（サラリー）という所得形態、資本家と賃労働者の中間に存在するという社会階級構成上の位置、生活水準の中位性、という四つの特徴をもっている社会階層である（寺出浩司「大正期における職員層生活の展開」）。ちなみに、大正九（一九二〇）年において新中間層は、全人口に対して五〜八％だったのに対して、東京市に限っていえば、二一・四％であり（伊東壮「不況と好況のあいだ」）、都市部に多くみられる階層だったことがわかる。

では、この新中間層の家族の特徴とは、何だったのだろうか。それは一つには、夫は家庭から離れた職場へと通勤し、妻は生産労働から切り離されて、主婦として、場合によっては女中を使いながら、家事・育児に専念していたことである。家族は生産機能を失って消費・再生産の場に純化しており、貨幣経済が浸透している家庭において、妻は夫が毎月もたらす俸給によって家計をやりくりしていかねばならなかった。

二つには、新中間層の人々が就いていた職業が、官公吏、教員、会社員、職業軍人などであり、それらは近代化とともに生まれ、学校教育を媒介として獲得された近代的職業だったことである。それは、親から子へと伝えられていく家業にはけっしてなりえないものであった。

三つには、多くの新中間層は、しばしば農村から中等教育や高等教育を受けるために都市へ流入し、そのまま都市において就職・結婚した、農家の次・三男によって形成されていたことである。その結果、新中間層の家族の多くは、伝統的な共同体から空間的にも精神的にも切り離された、核家族を形づくっていくことになる。したがって新中間層の妻たちは、夫の両親との同居を経験しない場合も多かった。

このような家族のあり方は、現代の家族となんと類似していることであろうか。第一次大戦後に都市部に本格的に登場してきた新中間層の家族は、一九六〇年代の高度経済成長に伴う都市化、サラリーマン化の過程で一般化していった家族の姿を先取りするものであった。

そして新中間層の家族が、従来の伝統的な家族のあり方と大きく異なるものである以上、新中間層の子どもたちも、従来の家族における子どもとは異なるまなざしでとらえられていくことになる。生産機能をなくした家庭にはもはや継ぐべき家業はなく、子ども、特に男子は、学校教育—学歴を通して、自らの社会的地位を獲得していかねばならなかった。また、消費・再生産の場へと純化している家庭にとっての主要な関心事は、子どもを産み育てることになっており、そこには専業主婦として子育てや子どもの教育に専念できる母親が存在していた。このような家庭において、子どもはどのような存在としてとらえられ、育てられていくのだろうか。

子どもへの強い関心

前章において検討した明治三〇年代から四〇年代にかけてと異なり、家庭という家族が成立してきた第一次大戦後になると、家庭教育の問題は現実味をおび、実践性をともないながら、論じられていくようになる。

家庭教育書の普及　第一次世界大戦中から戦後にかけては、教育学者や教育家、医者などによって家庭教育や育児についての書物が多数出版されており、代表的な家庭教育書としては、次のようなものがあった。麻生正蔵『家庭教育の原理と実際』（大正三年）、下田次郎『母と子』（大正五年）、佐々木吉三郎『家庭改良と家庭教育』（大正六年）、西山哲治『教育問題　子供の権利』（大正七年）、高島平三郎『家庭に於ける児童教育』（大正一〇年）、吉田熊次『子供を良く育てる法』（大正一一年）、小川正行『家庭教育講話』（大正一二年）、市川源三『家庭教育』（大正一三年）、下田次郎『家庭教育の実際』（同年）、三田谷《さんだや》啓《ひらく》『子供を賢くする為めに』（同年）、小原国芳《おばらくによし》『母のための教育学』（大正一四年）、などである。これらの本は版を重ね、多くの読者を獲得していった。たとえばわたしの手元にある小原の著書は、昭和四（一九二九）年のものであるが、四一版と記されている。

しかも、教育学者や医者などによって家庭教育書が発行されただけでなく、母親自らが家庭教育論や子育ての体験談を刊行するようにもなっていた。その代表が、鳩山春子『我が子の教育』（大正八年）や田中芳子『親ごころ子ごころ』（大正一四年）などであり、これらもまた多くの読者を獲得している。その他、多くの女性雑誌には、育児・家庭教育についての記事が掲載され、読者からの相談欄も設けられている。このように、家庭教育に対する社会的関心は高まってきていた。

この時期の家庭教育書は、右にあげたもの以外にも多くの書が発行されており、しかも明治三〇年代から四〇年代にかけての家庭教育書と異なり、「家庭での育児・しつけと教育のノウハウを親向けに教えるガイドブック」（広田照幸『日本人のしつけは衰退したか』）という色彩を帯びたものがふえていた。ということは、それだけ家庭教育書の需要が高まり、多くの人々にこれらが読まれていたということだろう。

ただこのような違いはあるものの、明治三〇年代から四〇年代にかけての家庭教育書と第一次大戦中から戦後にかけての家庭教育書の論調は、驚くほどよく似ていた。家庭を国家の基礎ととらえ、国家の発展にとっての家庭教育の重要性を説くこと、家庭教育の担い手として祖父母などを排除し、父母、とりわけ母を重視すること、学校教育と家庭教育の相補性を指摘し、両者の協力や学校教育の主導性の必要を主張すること、前章で明らかにしたこれらの家庭教育論の特徴は、大正期の家庭教育書にも見出すことができる。そういう意味では、明治三〇年代の家庭教育論の内容が、新中間層という家庭教育を実行できる家族の登場によって、大正期に普及、定着していったといえそうである。

「よりよい」子どもへの希求

ただ唯一異なるのは、大正期の家庭教育書には、遺伝や優生学《ゆうせいがく》についての言及がみられることである。優生学は、明治末年から大正期にかけて大きな社会的関心がもたれていった学問である。それはさっそく家庭教育書にも取り入れられ、そこでは実に興味深い議論が展開されていた。

この問題に言及しているのは、先にあげた著作の中では、麻生正蔵、西山哲治、吉田熊次、市川源三、小原国芳のものであり、とりわけ熱心だったのは西山と小原である。彼らはともにエレン・ケイの考え方に影響を受け、子どもには三大権利があると述べていた。ここでいう子どもの権利とは、子どもが親に対して要求する権利のことであり、小原の表現を借りれば、それは、「よく生んで貰《もら》ふ権利」、「よく養育される権利」、「よく教育される権利」をさしている。そしてこの「よく生んで貰ふ権利」とは、具体的には次のような意味であった。

人のよしあしは、全く遺伝と教育の二大因素で決定されるのです。だから、よく生んで貰ふといふことは子供の大きな権利の一つであり、親の大きな義務の一つでなければなりませぬ。何の罪もない子供が、わるい弱い身体と心とを生みつけられては何といふ大きな不幸でせう。その子自身はもとより、社会も国家も非常な迷惑です。……成るべく、悪い遺伝の持主とは結婚をさけるがよいと思ひます。……私達も、清い、強い、美しい、すこやかな、よい子を生むことを心掛けねばなりませぬ。これ、何にもまさりて最大の忠君愛国です。人類への最大寄与です。子孫への義務です。(小原国芳『母のための教育学』)

この文章からは、「よりよい」子どもを希求し、そのためには「悪い」子どもが生まれる可能性をできるだけ排除したいという感情が伝わってくる。小原は玉川学園、西山は帝国小学校の設立者であり、ともに大正新教育運動のリーダーであったが、新教育と優生思想とが親和的であったことはつとに指摘されるところである（中内敏夫「『新学校』の社会史」）。子どもへの関心の高まりは、このように「よりよい」子どもを求める心性と結びついていた。

「作るもの」としての子ども

さらにこの「よりよい」子どもを求める心性は、産児制限の必要性を主張することにもつながっていた。当時、避妊のことは産児制限と呼ばれていたが、小原はこれについて次のように述べている。「私はむしろ、ホントに子供を愛したい至情から起つた問題だと思ひます。つまりいやな言葉ですけれども、粗製濫造《そせいらんぞう》でなくて、いい子を少し生んで、よく育てて行かうといふ考からだと思ひます。……私は自分が教育を施すことの出来ない以上の多くの子を生んではならぬと思ひます」。

ここから見てとれるものは、子どもをかけがえのないものととらえ、教育していきたいという熱意であり、その思いの当然の結果として、子どもの数は制限すべきであるという考え方である。子どもはもはや「授かるもの」ではなく、数や間隔を親の側がコントロールして、「作るもの」としてとらえられていた。そして受胎のメカニズムを支配して、性を自己の管理の下におくということは、言説として語られるだけでなく、現実に実行に移されつつあることだった。

第一回国勢調査が行われた大正九（一九二〇）年は、多産多死社会から少産少死社会への転換点に位置している。この年の出生率は人口一〇〇〇あたり三六・二、死亡率は人口一〇〇〇あたり二五・四、乳児死亡率は出生一〇〇〇あたり一六五・七であり、極めて高い数字であった（ちなみに、一九九五年は、出生率九・五、死亡率七・四、乳児死亡率四・三である）。大正九年前後をピークとして、この後、出生率、死亡率、乳児死亡率はともに減少していく。しかしそれでも欧米諸国に比べればかなり高い数字であり、国勢調査は人口問題をクローズ・アップさせていった。

大正一一（一九二二）年には、ニュー・ヨークにおける産児制限運動の活動家であったマーガレット・サンガーが来日し、それをきっかけとして、日本でも運動が活発化していく。避妊の可否をめぐる議論が、国家・社会の利益、あるいは優生思想という観点からさまざまに行われるとともに、避妊器具や薬品も商品として出回り、具体的な避妊法についての情報も飛び交っていた。

そしてそれらの情報を集め、実行していったのは、情報収集力をもち、しかも先の小原

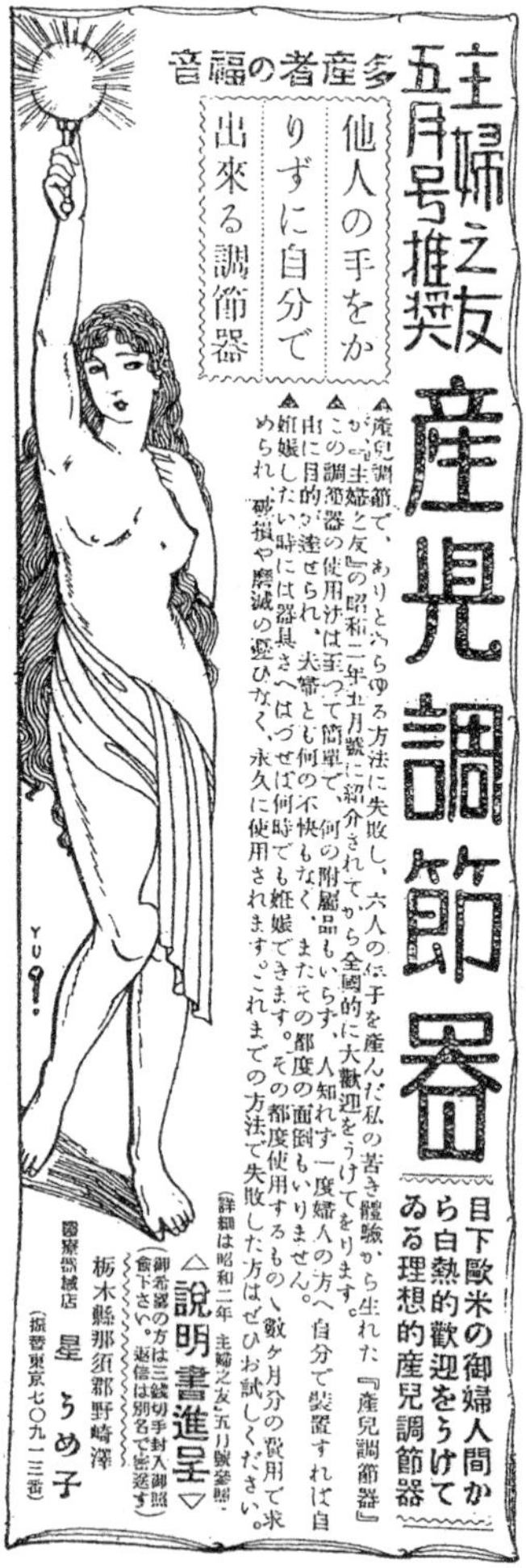

図9　産児制限に関する広告
（『主婦之友』昭和3年6月号）

の言葉に示されていたような、子どもを少なく産んできちんと育てるという志向性をもっていた、新中間層の人々であった。『主婦之友』に掲載された避妊に関する記事を分析した宮坂靖子によれば、避妊の必要を痛感しながら、なす術がなかった大正後期から、避妊に成功した昭和初期へと、記事の内容は変化しているという（「『お産』の社会史」）。

親の教育意志

このように子どもの数を制限し、少数の子どもに手厚い保護、教育を与えていく、これが家庭における親の選択であった。そしてそこに示されているのは、先の小原の言葉にもあったように、優生思想を背景にもちつつ、子どもを十分に教育したいという親の意志である。それは、日常生活を通して子どもに労働のしつけをし、コツやカンを習得させていく、そのことを通して自ずから「一人前」になっていくという教育のあり方ではない。そこにあるのは、「よりよき」子どもに育てるために、意識的、意図的なものとして子どもの教育をとらえ、それを実行しようとする意志であった。そうであるからこそ、多くの家庭教育書や母親の体験談が刊行され、読まれていったのである。

たとえば田中芳子『親ごころ子ごころ』には、四人の子どもの発育日誌が抜粋の形で、といっても一三〇ページほどにわたって掲載されている。そこには、誕生から小学校卒業までのそれぞれの年齢の時に、子どもがどういう様子であり、何に興味をもっていたのか、事細かに書かれていた。それを読むと、母として子どもの成育の様子を実に詳細に観察していたことがみてとれるし、その背後にある濃厚な教育的まなざしにも気づかされる。

一例をあげてみよう。長男は絵を描くことに大変興味をもっていたが、田中は、絵画は観察力、記憶力、思考力を養うために有意義だと思い、絵が好きなことは喜ばしいことだと考えていた。しかし他方で、綴り方が不得手なのは、思想や経験が急に発達しながら、それをまとめる力がともなっていないからだと心配している。また昆虫採集のために、自分でさまざまに工夫し、準備する息子を頼もしく思ってもいる。

このような記述を通して、この母親が子どもの日常生活を教育という視点から常にみつめ、子どもの成長や発達に関心を払っていたということがわかる。そういう意味で、親の教育意志とは、単に知育や学業成績だけに向けられるものではなく、子どもの存在を丸ごと包み込むものであった。

しかもこの親の教育意志は、長男にだけ向けられているわけではなかったことに注意しなければならないだろう。家業の継承が行われる家族においては、長男とそれ以外の子どもとを区別して育てていくことは、往々にしてみられるものであった。なぜなら、家業は一人の男子によって相続されるのが通例だったからである。しかし家庭には継ぐべき家業はなく、したがって教育的まなざしが一人の子どもにだけ特権的に注がれるということも必ずしもなかった。

母による教育と母性愛

ところで明治三〇年代の家庭教育論においては、家庭における子どもの教育は父母、とりわけ母によってなされるべきだと主張されてきた。第一次大戦中から戦後にかけての家庭教育書も同様であるが、この時期には現実に、「夫は仕事、妻は家事・育児」という性別分業が行われている家庭が存在していたから、子どもの教育に対する母親への期待はいっそう高まっていた。しかも、単に分業の結果としてのみ、母が家庭での子どもの教育を担うと考えられていたのではなく、母が子どもの教育に適任であるとされ、その考え方を補強するための理論装置として、母性という概念が登場してきている。母性という言葉はmotherhoodの翻訳語であるが、大正中頃から使われはじめ、昭和期になって定着した言葉であった（沢山美果子「近代日本における『母性』の強調とその意味」）。

すなわち、女性は母性をもっているがゆえに、子育てに適し、子どもへの愛情や献身的態度が可能であると語られていったのである。身体的な母性機能と精神的な母性愛とが堅く結ばれ、その結果、母と子どもの結びつきは「自然に備わったもの」「先天的な本能」と見なされて、より強固なものとなっていった。そしてこの価値観は、当然、子育てや子どもの教育に専念できた新中間層の妻たちに広く受け入れられていく。しかも、「母親の努力如何《いかん》によって子供は廃物とも必要物ともなります」（鳩山春子『我が子の教育』）という言葉が象徴するように、母親次第で子どもはどうとでも育つという、母の教育力に対する信頼、あるいは過信を生んでもいた。

しかし他方で、母による子どもへの手厚い教育は、社会との関係性が希薄化した、社会に対して閉じた家庭の中で行われるものであった。なぜなら、新中間層の家族の多くが、伝統的な共同体から空間的に切り離された存在であり、しかも生産機能をなくした家庭は、新たな地域共同体との間に密接な関係性を作ることが難しかったからである。

このように、母は家庭の中で、他者の手もあまり借りることなく、子どもを育て、教育していくことになったのだが、母性愛だけでそれが可能だと考えられていたわけではなかった。『女学雑誌』や明治三〇年代の家庭教育論においてと同様に、この時期の家庭教育書においても、女性は学校教育、書物や講演会・講習会を通して、教育学などの近代知を学ぶことが必要とされている。しかも単に主張されたにとどまらず、既婚女性が子どもの教育についての知識を獲得できるメディアが、大正期には次々と登場してきていた。家庭教育書や女性雑誌の大量供給もその一つの現れであるし、家庭や子ども、教育といった名前を冠した博覧会や講演会も、さまざまな団体によって次々に開催されている。また大正一〇年代からは、文部省も社会教育講座を開き、やがて文部省や府県は社会教育事業として母の講座も行っていった。子育てや子どもの教育に関して、母から娘へ、あるいは姑から嫁へといった形で経験知が伝達されていくのではなく、書物や教育等を通して近代知が教えられていくという仕組みが、できあがっていったといえるだろう。

子ども本位の考え方

このように子どもは、かけがえのない存在として、家庭で母によって愛情深く育てられていくことになるが、このことは、子どもが大人とは異なった、保護すべき対象としてとらえられたことを意味している。そしてここから、子どもらしさを尊重するという心性が生み出されていった。

大正中頃から、子どもの無垢《むく》さ、純真さを賛美する童心主義の考え方が高まってきたことはよく知られている。それを象徴するものが、『赤い鳥』（大正七年～昭和一一年）の刊行であり、小川未明、浜田広介、宮沢賢治などによる童話や、北原白秋、西条八十《やそ》、山田耕筰らによる童謡の創作であろう。そこでは大人とは異なる子ども世界が注目され、それが高く価値づけられていた（河原和枝『子ども観の近代』）。

この子どもらしさを尊重しようという考え方は、童心主義を生んだだけでなく、子どもの成育環境の整備、つまり子どもをとりまく衣食住の改善への志向性ももたらしている。子ども部屋や子どもに配慮した食事の必要性、子ども服の改良などが家庭教育書や女性雑誌で説かれるとともに、これらは当時文部省を中心に進められていた生活改善運動の重要なテーマの一つでもあった（小山静子『家庭の生成と女性の国民化』）。もちろん住宅の改善はそうたやすく行えるものではなかったが、子ども部屋の必要性を主張する人々は、子ど

図10　洋服を着た子どもの表紙絵（『コドモアサヒ』大正13年1月号，岡本帰一画）

もの活動力を満足させ、創造力を発揮させるために、日当たりのよい子ども部屋が必要であることを強調していた。

住宅の改善に比べれば、衣食の改善は比較的容易に行いうるものである。たとえば子ども服に関していえば、活動的な子どもには綿製品の普段着や洋服がふさわしいと、家庭教育書では主張されていた。そしてちょうどこの第一次大戦後が、都市部において、子ども服が和服から洋服へと転換しはじめた時期にあたっている。洋服の子ども服の作り方に関する記事がはじめて『主婦之友』に掲載されたのは、大正六（一九一七）年であり、大正一〇（一九二一）年になると洋服記事が増加していった（植田康夫「女性雑誌がみたモダニズム」）。当然、母親が自ら子ども服を縫っていったと思われる。さらに食事についても、大人の食事をそのまま子どもに与えるのではなく、育ち盛りの子どもにふさわしい、栄養に富んだ食事の必要性が女性雑誌などで主張されていた。

これらの衣食住の改善についての議論を読んでいて感じるのは、その根底に、子どもの

「本性」や「天性」の重視、子どもへの配慮という、子ども本位の考え方が存在していることである。つまり家庭において子どもは、大人とは違う本性をもっているととらえられ、特別な配慮が払われるべき存在となっていったのである。

そしてそれは、消費文化を享受する子どもの姿でもあった。家庭は第一次大戦後に花開く、新しい都市文化、消費文化を担う一翼であったが、前節で述べた三越の児童《こども》博覧会に象徴されるように、子どもは明らかに、商品の販売戦略のターゲットの一つになっていた。家庭の子どもは、数多く出回りはじめていた子ども向け商品をデパートで買ってもらい、遊園地やデパートの食堂などで、家族そろって休日を楽しくすごすことも珍しくなかった。消費の場となっていた家庭において、子どもはまさに、その中心的存在になっていったといえるだろう。

学校教育との親和性

以上述べてきたように、家庭の子どもは親の庇護の下に、愛情深く育てられ、教育されていく存在、特別の配慮を払われる存在であった。しかし忘れてはならないのは、家庭の子ども、特に男子は学歴社会を生きて行かねばならない存在でもあったことである。女子は将来主婦になることが想定されていたが、男子は家業をもたない新中間層の家庭に生まれた以上、学校教育—学歴を通して自らの社会的地位を獲得していくしかなかった。家業をもつものが、教養や教育を求めても、学歴や職業資格が不要だったこととは大きく違っていた。

したがって当然、親は子どもの成績に敏感にならざるをえなかったし、だからこそ、『子供を賢くする為めに』といったタイトルの本が売れることになる。この本の目次を見ると、「賢い子を産む準備」「どうして賢く育てるか」「学業成績をいかにして増進させるか」といった項目が並んでおり、親の関心がどこにあったか、みてとることができる。この種の本は数多く出版されており、予習・復習のさせ方や中等学校への受験準備の仕方などを説いた書も発行されている。また次のように述べる家庭教育書もあった。

家庭に於ては、常に学校教授の効果を減殺《げんさい》しないやうにし、場合に依つては、之を援助する覚悟がなくてはならない。学校教授に対する家庭の援助は、児童の経験を補充し、参考書を与へて、自学自修を奨《すす》め、学校の成績物を検して、其の努力進歩を賞揚し、又、時々学校当局の意見を求めて、適当に之を指導するに在《あ》るのである。（小川正行『家庭教育講話』）

ここでは、学校教授に対する家庭の援助という言い方がなされているが、学校教育をより効果的なものとするために、家庭でも子どもにちゃんと勉強させ、成績に気を配っておくことが、親に求められていたことがわかる。

しかしだからといって、先ほど紹介した田中芳子の本からもわかるように、親の教育意志が、子どもが学歴社会を生き抜くことのみに向けられていたわけではない。もちろん田中は子どもの学業成績に関心をもっていたが、それだけでなく、子どもの成長をさまざまな観点から見守っていた。また高島平三郎は、家庭での勉学は「十人並の成績」であるならばあまり強いる必要はなく、親が子どもの成績に競争心をもたないように戒めているが、その一方で、放任主義は親の無責任を示すとも述べていた（『家庭に於ける児童教育』）。つまり彼は、子どもの教育に十分に注意を払うことと、学業成績を競うこととは別問題だと考えていたといえるだろう。

広田照幸は、新中間層の教育意識を童心主義、厳格主義（しつけや徳育を通した生活規律・人格の形成）、学歴主義の三点でおさえ、これらが相互に対立しあいながらも並存していたと述べている（広田前掲書）。確かにその通りであり、この中の一つだけに特化しているというわけではなかった。

しかし新中間層の家族がおかれていた社会的状況や、ジェンダーの問題を考えてみれば、男子に対してはこの三つの原理の中ではやはり学歴主義が最も重視されていたのではないかと思う。なぜなら、家業がある家族と異なり、家庭は学校教育に無関心であることはできなかったし、学校教育の原理とは異なる原理を家庭がもちえていたわけではなかったからである。家庭における教育は、学校教育を意識したものとならざるをえなかったであろう。

前章において、家庭教育とは、結局のところ、学校教育の主導権の下に、学校教育の補完として位置づけられるものであり、論理的には、家庭教育は学校教育体制の中に組み込まれているということを指摘した。明治三〇年代に理論的に展開された、この家庭教育と学校教育との関係性をまさに現実のものとし、家庭の学校化という状況を生み出したのが、新中間層の家族だったのである。

あとがき

　これまでわたしは、女性に焦点をあて、女性がいかにして近代国家の国民としてとらえられていくのか、という問題を主に研究してきた。このようなわたしの研究内容を知っている人からすれば、子どもを正面にすえたこの本は意外であるかもしれない。しかも、『子どもたちの近代』というのは、我ながら身の程知らずのタイトルだと思う。しかしわたしは前々から、これまでわたしが行ってきた女性や家族に関する歴史研究を射程に入れて、教育史を語ることができないかと考えていた。

　教育史研究の主流は、教育制度史や教育政策史、あるいは教育思想史である。しかしもっと別の視点から描かれた教育史があってもいいのではないかと思う。もちろんこのような思いは、当初は漠然とした問いでしかなく、具体的にそれを表現する術をわたしがもっているわけではなかった。しかし次第に、学校を中心とした教育史の語りではなく、家族が担ってきた教育という営みが、学校と教育をめぐってどのようなせめぎあいを演じ、どのように学校にとって代わられるのか、描けないかと考えるようになった。別の言い方をすれば、現代社会において、学校は教育の中心的位置をしめ、家族の教育は周縁におかれているが、このような構造がどのようにしてできあがったのかを考察しなければ、学校を中心とした教育だけを論じていても、教育史は語れないのではないかと思うようになったのである。

教育史研究において、最近、女性や家族に関する研究はめざましく進展してきている。しかし自戒を込めていうのだが、単にこれまで研究が手薄であった領域を研究するというだけでなく、これらの研究が教育史の総体的な把握にどのような変更をもたらすものであるのか、常に自問自答していなければならないと思う。そのためにも、かなり長いタイム・スパンを念頭において、わたしなりの教育史の語りをしてみたいと思うようになっていた。

こんなことを想像力たくましく考えているときに、吉川弘文館から歴史文化ライブラリーへの執筆のお誘いがあった。専門家向けではなく、多くの人々を読者として想定しているこのシリーズこそが、わたしの前々からの問題関心を実現するいい機会であるように思え、すぐにこのタイトルが思い浮かんだ。しかしこれがいかに無謀な選択であったのか、やがて思い知らされることになる。

執筆を開始してみれば、この大きなタイトルが両肩にずしりとのしかかり、執筆はなかなかはかどらなかった。どのような流れで教育史を語ることができるのか、このことにいつも思い悩んでいたように思う。しかも、はじめて教育史の本を読む人にもわかりやすく、かつ関心をもってもらうためにはどのような叙述を行ったらいいのか、このことの難しさにも痛感させられた。

いつものことなのだが、本文を書き終えて、あとがきを書く段になると、本当にこれでよかったのかという気持ちがこみ上げてくる。今回は特にこの傾向がひどいようだ。当初の意気込みとは裏腹に、なかなか納得のいく内容にならなかったためだろう。しかし、家族を射程に入れた教育史の語り、その一歩を記せたことに意味があるのではないかというのが、現在の正直な気持ちである。これからの研究課題がいくつも見つかってしまったが、本書を出発点にして、次の仕事につないでいきたいと思う。

ところでこの執筆作業に力を与えてくれたのは、授業で出会った多くの学生や院生たちである。ああでもない、こうでもないと講義ノートを作り、授業をした後にまた作り直す。

こういう作業が土台になって、本書が生まれた。わたしの前任校である立命館大学や現在の勤務先である京都大学、また集中講義を行った慶應義塾大学で出会ったみなさんにお礼を言いたい。

二〇〇二年五月

小山静子

参考文献

天野郁夫『試験の社会史』東京大学出版会、一九八三年
天野郁夫『学歴の社会史』新潮社、一九九二年
石川松太郎編『女大学集』平凡社、一九七七年
伊東壮「不況と好況のあいだ」『大正文化』勁草書房、一九六五年
岩堀容子「明治中期欧化主義思想にみる主婦理想像の形成」『ジェンダーの日本史』下、東京大学出版会、一九九五年
植田康夫「女性雑誌がみたモダニズム」『日本モダニズムの研究』ブレーン出版、一九八二年
海原徹『近世の学校と教育』思文閣出版、一九八八年
大藤修『近世農民と家・村・国家』吉川弘文館、一九九六年
落合恵美子『近代家族の曲がり角』角川書店、二〇〇〇年
河原和枝『子ども観の近代』中央公論社、一九九八年
小泉和子「家事の近世」『日本の近世一五　女性の近世』中央公論社、一九九三年
小林輝行「学校への「御真影」の浸透過程」『日本近代教育史の研究』振学出版、一九九〇年
小山静子『良妻賢母という規範』勁草書房、一九九一年
小山静子『家庭の生成と女性の国民化』勁草書房、一九九九年

斎藤利彦『試験と競争の学校史』平凡社、一九九五年
佐藤秀夫「学校行事の成立史」『教育』一九六八年一二月
沢山美果子「近代日本における『母性』の強調とその意味」『女性と文化』白馬出版、一九七九年
沢山美果子「近代的母親像の形成についての一考察」『歴史評論』第四四三号、一九八七年三月
田嶋一「近世社会の家族と教育」『講座日本教育史』第二巻、第一法規、一九八四年
寺出浩司「大正期における職員層生活の展開」『生活学』七、ドメス出版、一九八二年
中内敏夫「『新学校』の社会史」『国家の教師　民衆の教師』新評論、一九八五年
橋本昭彦『江戸幕府試験制度史の研究』風間書房、一九九三年
花井信『製糸女工の教育史』大月書店、一九九九年
速水融『江戸の農民生活史』日本放送出版協会、一八八八年
土方苑子『近代日本の学校と地域社会』東京大学出版会、一九九四年
広井多鶴子「父と母の制度史」『変容する家族と子ども』教育出版、一九九九年
広田照幸『日本人のしつけは衰退したか』講談社、一九九九年
福島正夫『日本資本主義と「家」制度』東京大学出版会、一九六七年
宮坂靖子「『お産』の社会史」『〈教育〉―誕生と終焉』藤原書店、一九九〇年
宮本常一『家郷の訓』一九四三年（岩波書店、一九八四年）
宮本常一『日本の子供たち』一九五七年（『宮本常一著作集』八、未来社、一九六九年）
本山幸彦『明治国家の教育思想』思文閣出版、一九九八年

柳田国男「平凡と非凡」一九三八年（『定本柳田国男集』第二四巻、筑摩書房、一九六三年）
山川菊栄『武家の女性』一九四三年（『山川菊栄集』一〇、岩波書店、一九八一年）
山本敏子「近代日本における〈近代家族〉の誕生」『日本の教育史学』第三四号、一九九一年
山本敏子「明治期における〈家庭教育〉意識の展開」『日本教育史研究』第一一号、一九九二年
横山浩司『子育ての社会史』勁草書房、一九八六年
『近代日本思想大系六　教育の体系』岩波書店、一九九〇年

著者紹介

一九五三年、熊本市に生まれる
一九八二年、京都大学大学院教育学研究科博士課程修了
現在、京都大学大学院人間・環境学研究科教授

主要著書
良妻賢母という規範　家庭の生成と女性に国民化

歴史文化ライブラリー
143

子どもたちの近代
学校教育と家庭教育

二〇〇二年(平成十四)八月一日　第一刷発行
二〇〇八年(平成二十)四月一日　第二刷発行

著　者　小《こ》山《やま》静《しず》子《こ》

発行者　前田求恭

発行所　株式会社　吉川弘文館
東京都文京区本郷七丁目二番八号
郵便番号一一三―〇〇三三
電話〇三―三八一三―九一五一〈代表〉
振替口座〇〇一〇〇―五―二四四
http://www.yoshikawa-k.co.jp/

印刷＝株式会社平文社
製本＝ナショナル製本協同組合
装幀＝山崎　登

歴史文化ライブラリー

1996.10

刊行のことば

現今の日本および国際社会は、さまざまな面で大変動の時代を迎えておりますが、近づきつつある二十一世紀は人類史の到達点として、物質的な繁栄のみならず文化や自然・社会環境を謳歌できる平和な社会でなければなりません。しかしながら高度成長・技術革新にともなう急激な変貌は「自己本位な刹那主義」の風潮を生みだし、先人が築いてきた歴史や文化に学ぶ余裕もなく、いまだ明るい人類の将来が展望できていないようにも見えます。このような状況を踏まえ、よりよい二十一世紀社会を築くために、人類誕生から現在に至る「人類の遺産・教訓」としてのあらゆる分野の歴史と文化を「歴史文化ライブラリー」として刊行することといたしました。

小社は、安政四年(一八五七)の創業以来、一貫して歴史学を中心とした専門出版社として書籍を刊行しつづけてまいりました。その経験を生かし、学問成果にもとづいた本叢書を刊行し社会的要請に応えて行きたいと考えております。

現代は、マスメディアが発達した高度情報化社会といわれますが、私どもはあくまでも活字を主体とした出版こそ、ものの本質を考える基礎と信じ、本叢書をとおして社会に訴えてまいりたいと思います。これから生まれでる一冊一冊が、それぞれの読者を知的冒険の旅へと誘い、希望に満ちた人類の未来を構築する糧となれば幸いです。

吉川弘文館

〈オンデマンド版〉
子どもたちの近代
学校教育と家庭教育

On Demand
歴史文化ライブラリー
143

2018年（平成30）10月1日　発行

著　者　小《こ》山《やま》静《しず》子《こ》
発行者　吉川道郎
発行所　株式会社　吉川弘文館
〒113-0033　東京都文京区本郷7丁目2番8号
TEL　03-3813-9151〈代表〉
URL　http://www.yoshikawa-k.co.jp/

印刷・製本　大日本印刷株式会社
装　幀　清水良洋・宮崎萌美

小山静子（1953～）

ISBN978-4-642-75543-6